JN137699

スクリーンの裾をめくってみれば

誰も知らない日本映画の裏面史

木全公彦 *Kimihiko Kimata*

作品社

スクリーンの裾をめくってみれば——誰も知らない日本映画の裏面史

目次

第一章　黒澤明のエロ映画？

謎のポスター

数年前にウィーンを旅行したときのこと。ヴィリ・フォレスト監督の映画でも有名なブルク劇場の前を歩いていると、向こうから学校の先生に引率された小学生らしき一団がやってきた。列の後ろを歩いている子どもが擦れ違いざまにこちらに向かって、「ＳＯＮＹ！」、「クロサワ！」と小さな声で続けざまに叫んだ。びっくりして振り返ると、少年は持っていた傘を刀のように振り回しながら、くすくすと笑って遠ざかっていった。「どうして日本人と分かったんだろ？」と思ったが、不思議と悪い気はしない。ＳＯＮＹはともかくヨーロッパの小学生でも知っている世界のクロサワはやっぱり偉いねえと素直に思ったのだった。そこで世界のクロサワの知られざるエロ映画についてちょいと書いてみよう。「エロ映画の黒澤明」ではない。正真正銘「黒澤明のエロ映画」である。

映画はリュミエール、メリエスの昔からプライベート・フィルムなどを除けば、興行である宿命から逃れられなかった。したがって映画を興行として成功させることは、よい映画を作ると同程度に、いやそれ以上に今も昔も映画に製作資金を提供している人間にとっては至上命題。しかしその期待に反して映画がコケる場合がある。そこで配給者や興行者は考える。映画がコケたのなら題名が悪かったんだろう、と反省してもっと刺激的な題名に変えて少しでも資金を回収しようと、装いも新たに再リリースしてマーケットに出す。

たとえば、ジェーン・フォンダに初のオスカーをもたらした『Klute』（71）は、ワーナー・ブラザーズの日本支社によって『コールガール』という邦題がつけられたが、東京での興行が惨敗したため、半年以上経って、関西圏を始めとする地方都市の一部で『ニューヨーク売春地帯』と改題されて上映されたという。

このことは、子どもの頃、当時の映画雑誌で読んだ覚えがある。記憶をたどって図書館で探してみたら、確かに「スクリーン」一九七二年三月号の読者ページ「映画・お答えします」にその記事が見つかった。しかし残念ながら改題したポスターはかなり注意して探したが、今日に至るまで目にしたことがない。

同様に子どもの頃愛読していた、一九七二年に創刊されてわずか三号で消えた「ロングラン」（鳳苑書房）の創刊号に『愛すべき女《め》・女《め》たち』（製作年67／日本公開年71、以下同）のグラビア広告が載っており、そこに「『愛すべき女・女たち』改題『女性欲情史』」とあって、子供心にも「さすが地元名古屋に本社のあるヘラルドだけにどえりゃあえげつない商売しとる」と思ったものである。これはちゃんと「キネマ旬報」に改題の記録があるが、こちらも改題したバージョンのポスターを見たことがない。

ピンク映画となると、さらにまた事情は複雑になる。

まず脚本段階での監督・脚本家がつけた原題と営業用の題名があり、さらに関西と関東で題名が変わったり、旧作新版公開、流通経路（ピンク系列館か一般劇場か）や媒体（DVDや衛星放送）によって、ころころ題名が変わる。

一九六八年にワールド映画が製作・配給した山下治監督『激しい愛撫』の雑誌広告には、題名の下に「題名・関西地方／『寝化粧』」とわざわざ明記してある。関西と関東での違いについては、関西地区はエゲつなくても、それより西の広島、山口、鳥取、島根などの中国地方では、県条例のため、成人映画の看板やポスターについて、ほかの地域より厳しい取り締まりがあったというから、一九八四年に全国規模で大幅に改正された風営法が、成人映画の題名、ポスター等の設置場所などを規制する以前から、地域によって題名や実演を含む上映形態を変えていたのかもしれない。

滝田洋二郎の快作『痴漢電車・下着検札』（84）は、新版公開のときには『痴漢電車・朝の悦《たの》しみ』に改題されたのだが、それを知らずに未見だからと見に行って「これ、見たぞ」と呟《つぶや》く失態を演じることになる。

さらにビデオや衛星劇場など新しいメディアや流通形態が登場すると、たとえば瀬々敬久のオリジナル・シナリオ題名『End of The World』が『すけべてんこもり』として一九九五年に国映の配給で封切られ、ビデオ発売では『あおかん白書〜南の島へ連れてって』と改題される。さらにR15の衛星放送版では……と、ややこしいことこの上ない。出世魚ならめでたいが、所変わればなんとやらということで、これも配給者や興行者の製作資金を回収し、元を取ろうというあさはかな知恵の結果である。

さて、話は変わって十数年ほど前のことである。

さしたる目的もなしにネット・オークションを巡回していたら、奇妙なポスターが出品されているので、気になって目をこらして確認して驚いた。『純潔を狙う悪魔』と題された映画のポスターの上には、「医学界の権威協力裏の幸福を得る性の指針」というヘッドコピー、横には「此は単なる劇映画ではない！　世に稀れなる性の恐るべき実態！　全国民の子を持つ親！　青年・男女のすべてに贈る正しい性道徳！」というメインコピーが躍り、扇情的なヌードがあしらってあるけれども、よく見ると三船敏郎と千石規子が映っている【図1】。

変だなと思い、ポスター右下にあるクレジットを拡大すると、

【図1】『純潔を狙う悪魔』と題された映画のポスター。

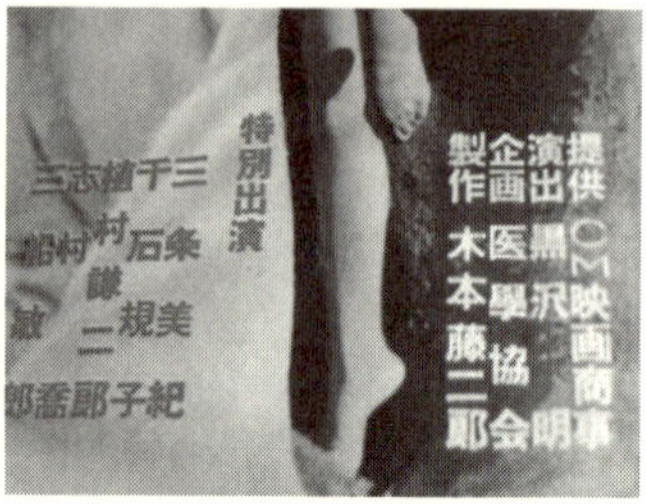

【図2】ポスター右下部分の拡大。

提供　CM映画商事　　企画　医學協会　　特別出演　植村謙二郎
演出　黒沢　明　　　製作　木本藤二郎　三条美紀　　志村　喬
千石規子　　三船敏郎

となっているので、死ぬほど驚いた【図2】。「本木荘二郎」が「木本藤二郎」になっているのはご愛嬌だが（もしかしてわざと？）、これは誰がどう見たって黒澤明が一九四九年に大映で監督した『静かなる決闘』ではないか！　しかしどうしてこのようなポスターができたのか？　考えるほどに謎は深まった。

黒澤明の『静かなる決闘』

『静かなる決闘』についてざっとおさらいしてみよう。

一九四八年三月、黒澤は山本嘉次郎、本木荘二郎、谷口千吉と映画芸術協会を設立する（後に成瀬巳喜男、松山崇、田中友幸が参加）。直後にいわゆる「来なかったのは軍艦だけ」という第三次東宝争議が勃発。その後、激化する争議を避けて、黒澤の『酔いどれ天使』（48）に続く第八作目となる作品は、東宝を離れて大映東京撮影所で監督することになる。

　黒澤と大映とはそれまでも縁が深いが、今回橋渡ししたのは、黒澤組の番頭としてのみならず、戦後の東宝に大きな位置を占めるプロデューサーの本木荘二郎である。

　原作は薔薇座が上演していた戯曲『堕胎医』。菊田一夫作、佐々木孝丸演出のこの芝居は、日劇小劇場で上演され、その扇情的なタイトルと内容で大ヒットを飛ばした【図3】。

【図3】『堕胎医』パンフレット。

　映画で三船が演じた藤崎恭二には千秋実、千石規子が演じた峯岸るいには千秋実夫人で、佐々木孝丸の娘である佐々木踏繪が扮した。それからも分かるように、舞台版は藤崎と峯岸を中心とした話で、映画版で三条美紀が演じた松本美佐緒はその脇役にすぎない。

　薔薇座は一九四六年に千秋実が中心になって旗揚げした劇団である。

　菊田一夫が書いた『東京哀話』がヒットしたので、それを東宝のプロデューサー伊藤武郎が山本薩夫で映画化しようと交渉するが、結局東宝争議の激化でこの企画は流産してしまう。伊藤と山本はその後東宝争議の責任を取って東宝を退社し、独立プロ運動に身を投じる。

伊藤と山本と一緒に、黒澤も薔薇座の芝居を見て気に入り、薔薇座の公演パンフにも寄稿するほど入れ込んでいたので、千秋が新作戯曲を黒澤に依頼したが、これは黒澤の盲腸で流れる。その代わり、これが縁になって黒澤が見て感動した薔薇座の『堕胎医』を映画化することになる。それが『静かなる決闘』である。千秋実は、そのあとの黒澤が監督した『野良犬』(49)で映画デビューを果たす。

本木荘二郎が、製作資金の着服が問題になって、東宝を契約解除され、ピンク映画の世界に身を投じたことは有名だが、エロ映画といっても今回の話とは直接関係ない。もちろん今回の海賊版ポスターはどう見ても一九五〇年代に製作されたものであり、本木が黎明期のピンク業界に流れた一九六〇年初頭のものとは違う。

彼が一九七七年五月二十一日に六十三歳という若さで新宿の安アパートでひっそりと孤独死したとき、残された黒澤関連の遺品は、本木の遺体を発見したピンク映画関係者によってフィルムセンターに寄贈され、それらは現在国立映画アーカイブ（旧・フィルムセンター）の七階常設展示コーナーにあるから、いつでも見ることができる。

それらを見ると、本木は黒澤作品の題名にも深く関与し、いくつもの構想をメモしていたことが分かる。残念ながら本木が企画に関与した『静かなる決闘』関連の資料はない。

しかし、当時の映画雑誌「映画春秋」一九四九年一月号には『罪なき罰』という当初の題

【図4】『静かなる決闘』ポスター。

名の広告が載っている。『罪なき罰』とはドストエフスキーを愛したいかにも黒澤らしい題名ではないか。

　『罪なき罰』改め『静かなる決闘』【図4】の大映側のプロデューサーは市川久夫。のちに東宝に移籍し、大映出身の鈴木英夫の傑作『非情都市』（60）を製作するプロデューサーである。チーフ助監督は移籍した日活で『太陽の季節』（56）で大ヒットを飛ばす古川卓巳。

　筆者は以前、『静かなる決闘』のＤＶＤの特典映像を作ったことがある。そのとき主演の三条美紀、当時キャメラマンの相坂操一の助手を務めた小林節雄に映像取材した。市川久夫と古川卓巳にも連絡をとったが、誠に申し訳ないが取材をお断りするという旨を書き記した丁寧な手紙をいただいた。ただし、書面での質問は受けつけるとのことだったので、質問状をしたため、送付した。

　市川によれば、『静かなる決闘』はやはりスキャンダラスな題材のせいか、ヴェネチア映画祭でグランプリを取った『羅生門』よりも公開当時はヒットしたとのことだった。いつの時代もエロは強いのである。まあ、『羅生門』だってレイプの話だってことが忘れがちだけどね。いや、今見直してもかなり強烈だろ、このエロさは。『羅生門』は木村恵吾&京マチ子の「肉体三部作」の文脈の延長に語られるべきエロティシズム映画ではないのだろうか、と思ったりして。

ところで、その大映黒澤作品のＤＶＤを発売する際、一連の黒澤ＤＶＤの特典として、日本語字幕もつけることになったのだが、世界のクロサワだからすでに発行されているシナリオ集なりを書き写せばいいと考えて気安く引き受けたら、これが甘かった。

実際に作業をしてみると、出版されている黒澤明作品の脚本は完成した映画とは少し異なっていて、どこにも作品からの採録台本がないのである！　世界のクロサワなのに、これはどうしたことなのか！　これは困った。仕方なく直接映画から聞き取りをして補足することになった。

しかし、セリフの聞き取りにくさでは定評のある黒澤作品、ましてや直接フィルムに濃淡式で音を定着させる当時の録音システム（大映では濃淡式のウエスターン方式を採用）では、セリフが聞き取りにくいことおびただしく、その上当時の俗語や医学用語などまるっきり分からない。おかげで当時の性病治療についてにわか仕込みで勉強することにもなってしまった。

すでに黒澤映画において『酔いどれ天使』で、山本礼三郎が「トリッペレ」と意味不明の言葉を発していて、あれやこれやと調べた結果、これは淋病のことだと分かったが、『静かなる決闘』は当時の医学用語が頻出し、知人の医者に相当助けられた。改めて感謝。ふうっ、やれやれ。改めて性病の専門用語や隠語は、この時代当たり前に使われていたんだと思い知った。それだけ性病が蔓延していたんだね、ペニシリンもまだ高かった時代だし。

黒澤明本人については、自伝『蝦蟇の油――自伝のようなもの』もあるし、関係者による黒澤本、さまざまな研究書や資料などがあり、それによると黒澤の性格はときとしてファナティックで、善悪や性に対しては潔癖だったらしく、どうして女とカネにだらしない本木荘二郎とウマが合ったのか分からないぐらいだ。黒澤にしてみれば才気煥発の本木の才能を愛したのであろうが、そのへんは人の相性のことゆえ第三者には分からない。

したがって通説どおり、黒澤が薔薇座の『堕胎医』を見て感動したのは、映画化された作品からうかがい知れるように、黒澤好みの、苦悩し、それに打ち克《か》つ青年医師の崇高さを描きたかったからに違いなく、黒澤に不純な気持ちは微塵《みじん》もないのだろう。もし、それがちょっとでもあったとすれば、青年医師が梅毒に感染するという扇情的な内容に惹かれて映画を見に行った観客のほうで、敗戦後のモノはなけれどエロが氾濫する世の中のほうだったのである。

エロ映画の氾濫する時代

戦争が終わり、抑圧から解放された人々は、エロを求めてストリップやヌードショーに殺到し、一九五〇年前後にはストリップ劇場の数はピークを迎えた。はっきりとした記録は持たないが、一九五〇年から五三年にかけて東京だけでもストリップ劇場は十五軒前後あったとされ（そのほとんどは浅草に集中）、連日満員、熱気むんむんの時代を迎えていた。

そんなストリップ全盛の時代は、日本映画の全盛時代とも重なる。人気ダンサーたちは封切られる新作映画にゲスト出演するほどの人気で、この頃創刊された「内外タイムス」では毎日のように人気ダンサーのランキングが発表になっている。

戦時中に菊田一夫作『花咲く港』（43）の映画化でデビューし、黒澤とともに新人監督に与えられる第一回山中貞雄賞を受賞した木下惠介は、そんな風潮を反映して『カルメン故郷に帰る』（51）とその姉妹篇『カルメン純情す』（52）で人気絶頂の高峰秀子にストリッパーを演じさせた。シニカルな木下らしい世相への皮肉である。

いわゆるエロ映画が登場するのもそんな時代のことである。謎のポスターの真相を書く前に、ちょっとその時代のエロ映画について書いておく必要があるだろうと思うので、少々迂回することをご了承いただきたい。

ピンク映画が登場するのは、通説にしたがい小林悟の『肉体の市場』をその第一号とすれば、一九六二年のことである。『映倫　歴史と事件』（遠藤龍雄著、ぺりかん社、一九七三年）および『切られた猥褻——映倫カット史』（桑原稲敏著、読売新聞社、一九九三年）によれば、ピンク映画登場以前、最初にストリップやヌードを売り物にするエロ映画が登場したのは、一九五〇年頃で、東映系で一九五〇年十月に公開された秀映社『東京十夜《てんや》』（沼波功雄監督）がその嚆矢であるという。

これはある会社の経営者がベッドシーンの撮影を目的に製作したと噂されるもので、映倫は三十四カ所もカットし、上映された作品よりもカットされた部分のほうが長くなったという逸話がある。

映画年鑑一九五一年度版によれば、秀映社は元国際映画の製作部長住田暎介が設立した現像所が始まりで、『東京十夜』は秀映社が製作に転じた第一回作品になる。出演は立松晃、真山くみ子、上山草人、山縣直代、堤真佐子ら。いずれも往年のスタアしか記録に載っていないが、まさか当時でさえもすでに中年の領域であった彼／彼女らがベッドシーンを演じたわけではないだろう。

幸いなことに再建されたばかりの「キネマ旬報」には上野一郎による批評が載っている

ので読むと、そこから想像できるのは、シュニッツラーの『輪舞』のように艶笑譚のコントがしりとりのように十話つながって映し出されるという代物だったようだ。しかし、クレジットされているのはロートルとはいえ戦前なら大スターである。まさかそれほどいかがわしい映画とも思えない。「キネマ旬報」の批評を読んでも、しょうもない映画であることは分かるが、どこがエロ映画なのか今ひとつよく分からない。

ほかにも、人気ストリッパーが大量に出演したストリップ映画『裸の天使』、富士映画がセントラル系列のストリップ劇場とタイアップしたヌード映画『裸になった乙姫さま』、『ストリップ東京』など、ストリップやヌードがメインのエロ映画がその頃に次々と製作され、東映系や松竹系で封切られた。

やがてこれらの作品は怪しげなルートを通じて映画館やストリップ小屋で上映されるようになり、あちらこちらに長短篇さまざまのエロ映画が氾濫する。ストリップ映画はバーレスク映画とも呼称していたらしいが、身も蓋もない言い方をすればヌードショーをそのまま収録した記録映画のようなもんである。

『裸になった乙姫さま』では、三木のり平と千葉信男が人気ストリッパーである邦ルイズ扮する乙姫のベッドに忍び込むシーン、邦ルイズが巨大なハマグリから出てくるところなど数十箇所が映倫によって削除されたという。富士映画の社長はだれあろう大蔵貢。やっぱり！

同時に、いわゆる性教育映画、産児制限（バスコン）映画、性病防止映画も氾濫し、教育的かつ啓蒙の目的をもって映画館で上映するだけにとどまらず、ストリップ劇場で映画と実演スタイルで上映され、連日大賑わいを見せた。

映画の題名を挙げると、『愛の巣箱』、『産児制限』、『堕胎か避妊か』、『処女膜の神秘』、『優生保護法と人工妊娠中絶』、『若人へのはなむけ』、『避妊の話』、『戦後性病の歩み』といった作品（『愛の巣箱』は露骨に女性器の描写があるため映倫不許可）。映倫の審査を通っていない作品や偽の映倫マークを勝手につけたりしているので、製作会社や監督名、ちゃんとした製作年度や公開日など不明なものが多い。分かる範囲でいえば、『戦後の性病の歩み』(53）を製作したのが都新聞社事業部というのはかなり興味をそそる。

映画館やストリップ小屋では「性教育映画大会」なる番組もあったようで、いずれも満員札止めの超満員を記録したとある。前述したように映倫が審査を拒否した映画もある。それでも興行主は映画館やストリップ小屋でこれらの映画を抱き合わせで上映し、大いに懐を潤《うるお》したはずだ。

当時の雑誌や新聞を調べていくと、性病映画をかなりの数提供したのは、塩野義製薬映画部であることがわかり、それが数字的に正しいのであればこれはかなりブラックな話である。

調べた範囲でいちばん古いと思われる塩野義製薬映画部の性病映画は、一九四八年の『花ある雑草』という作品。前出の書籍「映倫　歴史と事件」にも取り上げられていて、かなり性病の感染過程について具体的な描写があり、フィルムが擦り切れるまで日本中で上映されたとか。以下新聞からの引用。

戦前より医学映画の製作に努力していた大阪塩野義製薬学術映画部では、性病の撲滅予防映画『花ある雑草』の製作を企画、一般大衆に「性病とは如何《いか》なるものか」「性病とは如何に恐ろしいものか」を平明に理解、周知させる目的をもってこの程その製作技術陣を総動員してクランクインを開始した。同篇は性病に対する理解の混乱を避けるため、梅毒篇、淋病篇、軟性下疳その他の三部にわけ、特にその予防対策に重点を置いて製作される。（……）完成は大概四月下旬頃の予定である。

（「日刊スポーツ」一九四八年四月八日付）

これらの性教育映画、バスコン映画、性病予防映画の盛況に、理研のような歴史ある記録映画の老舗会社も参入し、さらにストリップと並んで人気を博していた女剣戟《おんなけんげき》の舞台を記録した映画（たとえば一九五二年『女剣戟の生態』、一九五三年『女剣戟とストリッパー』など）、全裸で暮らす未開の部族を記録したモンド映画なども公開される。

その頃、新東宝は慢性的な赤字体質で経営が安定せず苦しんでいたが、そんな中でも安く買い入れて高利益を出した映画に、一九五三年に封切られた『裸族　シャバンテス』（三映社製作）がある。これは日系二世のキャメラマン佐藤吉典がブラジルの奥地に原始生活を営むシャバンテス族探検隊に参加したときに、探検の報奨としてブラジル政府から寄贈されたフィルムをまとめたモンド・ドキュメンタリーである。

映倫審査では、まずこれが外国映画なのか日本映画なのかで揉めたうえ、結局GHQ民間情報教育局CIEが介入し、性器が丸見えだった作品に大ナタを振るい、一時間足らずの映画にもかかわらず五十一カ所も削除されたという。それでも買取価格六百万円、営業費八百二十万円、計千四百二十万円に対して、配給収入は二千六百五十万円で百八十パーセント強の回収率を記録したのだから、マジメに一生懸命映画を作ろうという崇高な志が萎えるというか、逆にいえばそれだけ日本国民は発情していたということになろうか。これだからエロ商売はやめられまへんな。

ちなみにこの年、映倫が削除や改訂を求めた総カット数は七十六件。前に書いたように、うち五十一件が『裸族　シャバンテス』に対するものであった。

これらの映画の出所について、はっきりしている場合はまだいい。短中篇のバーレスク映画や性教育映画、バスコン映画の類《たぐ》いの中には、製作会社も配給会社もはっきりせず、会社名があっても実在しなかった例も少なくないというのは前述したとおり。その場合は劇場に直接業者が持ち込んだと思われる。ちょうど七〇年代末のビニ本業者がいわゆるカバン屋と呼ばれる営業マンを使って、流通を担《にな》ったように。

しかしさすがにお上も黙っていない。一九五二年十一月には映倫を通過しているにもかかわらず、浅草のロック座で映画と実演スタイルで上映されていた十六ミリのバスコン映画『愛の道標』が公然猥褻罪で警視庁にあげられたのである。

最近、都下各盛り場ストリップ劇場で映倫マークのない短篇映画が上映され、またこれらの映画が警視庁によって、猥褻物陳列容疑で押さえられた事実があるので映倫では日興連を通じ、全国の興行者に対して映倫マークのない映画は上映しない様協力を求めている。去る十一月十三日警視庁防犯部保安課が新宿セントラル『愛の道標』、浅草ロック座『若人へのはなむけ』、浅草ロマンス座『限りある子宝』を押収したが、映倫では『愛の道標』は昭二五・二・二七付で映倫マークを与えているので調査したところ、映倫マークのない押収プリントには審査当時なかった扇情的な場面が挿入してある事実を発見したものである。

（「キネマ旬報」一九五三年一月上旬号「ニュース・短篇」欄）

実はこれらの性教育映画の中で私が唯一見ているのがこれなのである。フィルムセンターの「発掘された映画たち２００３」特集で上映されたのだ。

製作したのは「大阪映画人集団」なる集団でその正体は不明。監督の竹島豊は女子プロレスのドキュメンタリーがある人らしいが詳しいプロフィールは不明。製作に名前のある西原孝は伊藤大輔に私淑した時代劇の監督で、むっつり右門もの『護る影』（43）などを監督した人である。フィルムセンターの上映でやったときも『護る影』との二本立てという粋な（？）組み合わせだった（苦笑）。

この程度で大騒ぎになっていたのかと改めて時代の推移を思ったのだったが、かつてロック座で上映され、摘発を受けた性教育エロ映画を国が所轄するフィルムセンターで見る倒錯した悦びたるや！

そうこうするうちに外国映画も登場する。『エリジア』、『裸と太陽』、『深夜の貴婦人』、『ハリウッド裸夜話』……。ストリップでもまだ金髪碧眼の外国人というだけでありがたがった時代だから当然のように好評だったようだ（金髪外国人ストリッパーというだけで客が来たのは一九七〇年代末までか?)。しかしエロ業者と当局との攻防戦はますます激烈をきわめていく。

いずれも外国美女が全裸で遊歩したり、踊ったり、運動したりしているもの、このうちフランス座系で封切られたものは、新宿（十二日から）が『インペイシェント・デザイナー』（あら、じれったいわ）と『ブロンド・エクスタシイ』（金髪有頂天）の二本、浅草（十三日から）が『ツー・サンデー・ヌード』（おお悩ましい）と『フィジイ・アイランド・ラブ・ダンス』（あ丶もういけません）の二本、またコニーバーレスク（十二日から）では一本にまとめて『金髪裸女の媚態』でいずれも上映時間は約十分位である。

（「内外タイムス」一九五三年一月十四日付）

去る十二日から新宿、銀座、浅草の三大ストリップ劇場で公開された六本の『金髪美女ヌード集』映画は、予想通りストリップ・ファンを吸収、三館とも好調な客足を見せたが、警視庁保安課風紀係ではこの映画に注目、十六日午前十時警視庁に関係各座支配人にそのフィルムを携行させ、東京高検検事立会の上で試写を行った。その結果、取締当局側としては一切上映禁止の強硬な態度を表明したが、業者側の抗議により一部を削除の上、今月一ぱいに限り引き続き上映を認める方針になった模様である。
（「内外タイムス」一九五三年一月十八日付）

こうした外国映画もののなかでも一九五三年四月に公開されたフランスの二巻もののバーレスク映画『巴里千一夜』（原題：夜のモンマルトル）【図5】は、監督こそJ・O・ベルナールという短篇ドキュメンタリー専門の監督で一般にはほとんど無名だが、撮影監督はあのジャック・カーディフ！

それって宮川一夫がロック座やフランス座のストリップの記録映画を撮るようなものか。ていうか、そういうのってそもそも考えられないけど。

【図5】「内外タイムス」1953年5月17日付。

『巴里千一夜』の内容は、夜のモンマルトルのバーやヌードショーを取材したもの。日本のバーレスク映画やヌード映画の場合、バタフライはもちろん胸にもスパンコールをつけているが、アチラの方は胸も丸出しだから、大勢の客が乳首見たさに劇場は押すな押すなの大盛況。

モンド映画を除けば、戦後日本の一般劇場のスクリーンに乳首が最初に映し出された映画ということになる。むろん、戦前にはヘディ・キースラー（ラマール）主演のチェコ映画『春の調べ』（33／35）があるが、あれは当時の検閲で大幅にカットされたはず。

ということで『巴里千一夜』は東宝と松竹で激しく配給を競り合って、東京封切は東宝系、関西封切は松竹系で決着する。そんなことどこの映画史の本にも書いてないけど、それが同時代の興行史の実態である。

このちずっと時代を下って、日本公開された同傾向のフランス映画を列挙すれば、『パリ・エロチカ』（63／64）、『パリ・エロチカNo.1』（69／70）などがあるが、これは東和がイタリア映画『ヨーロッパの夜』（60）で当てたための二匹目のドジョウってやつ。ていうか、本当に見たい映画はなかなか公開されないのに、年号を見るとこれらは製作されてすぐに日本公開されてるやないけ！　やっぱりいつの時代もスケベは強い。

個人的な経験に即して思い起こせば、放送が開始されたばかりの、まだ水野晴郎が解説をやる前の「水曜ロードショー」でこういう作品はかなり放映されたので、親の目を盗んで見たものである。

フランスに留学してから映画に目覚めたという一九八〇年代以降出現したシネフィルと

かいう人種はこういう映画は見てんのかねえ。見てないし、興味もないんだろうな、きっと。

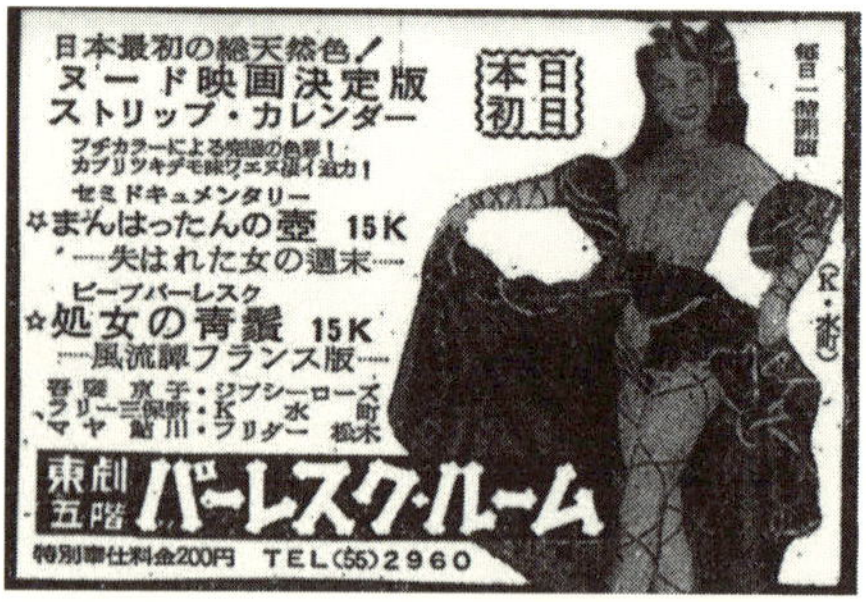

【図6】「内外タイムス」1953年3月5日付。

『ストリップ・カレンダー』(53)【図6】なんてシャレたバーレスク映画もある。これは十六ミリのカラー作品(フジカラー)。まだ国産の長篇カラー映画第二弾『夏子の冒険』(中村登監督)が公開されたばかりの時期である。エロは最先端の映画技術も使いこなす。

二巻ものとはいえ、オムニバス仕立てのスケッチを十二カ月のカレンダーに見立て、一月は羽根つき、二月はスキー、三月は闘牛、四月は西洋風呂、五月は未亡人、六月はスポーツガールといった題材で、人気ストリッパーがヌードで演じるという豪華な内容。

国産カラーの初期の技術だから当然野外撮影なので、吾妻橋近くのビアホール屋上に簡易セットを組んで撮影されたのだとか。隣のビルから見学する人が窓を開けて鈴なりになって覗きこんでいたとも報告されている。やっぱり！

やがて一般映画でもイタリア映画『明日では遅すぎる』（50／52、レオニード・モギー監督）に刺激されて、我が国でも「性典映画」が各社争うように製作され、大ヒットし、社会問題化する。

反米的だとアメリカからクレームをつけられたり、日本側が勝手に自粛したりした作品もあった「基地映画」では、外国人相手のオンリーや洋パンが登場し、次いで「太陽族映画」が出現し、さらに大きな社会問題に発展するが、同時期には「赤線映画」と呼ばれるものも続々と製作されるようになる。溝口健二の『赤線地帯』（56）、久松静児の『渡り鳥いつ帰る』（55）なども、同時代的にはそれらの映画に分類されたのだ。成瀬巳喜男だって例外ではない。『春の目ざめ』（47）はその先駆的な作品。成瀬の『白い野獣』（50）、溝口健二の『夜の女たち』（48）なども、いってみれば同時代にはパンパン映画に分類された作品なのである。

黒澤明の師匠である山本嘉次郎だってそうしたエロ仕事とは無縁ではいられない。

太泉スタジオの企画室長だった篠勝三は新映画社を設立し、その第一回作品に『肉体の白書』（50）を製作・公開する。新映画社は東横京都撮影所を拝借して、東京映画配給（のち東映系列）で配給するというシステムを取っていた。

『肉体の白書』のスタッフ・キャストの顔ぶれは、監督＝志村敏夫、脚本＝山本嘉次郎、高柳春雄、撮影＝玉井正夫、出演＝岸旗江、木匠くみ子、千石規子、中北千枝子、岡田英次ら。「オールロケーションによる性病院の内部を描くセミドキュメンタリー映画」（「内外タイムス」一九五〇年五月十日付）という内容らしい。想像するにパンパン映画の類いだろうと思われる。原作は雪吹周著『肉体の白書──吉原病院記録』で、雪吹周というのはどうやら吉原にあった性病科の医者のペンネームのようだ。東宝のレッドパージ組が何人かキャストにいてエロ映画を撮っているのが興味深い。

この映画の監督である志村敏夫が、メジャーの映画会社が製作した一般映画で初めてヌードが登場する『女真珠王の復讐』を監督して、センセーションを巻き起こすのはその六年後の一九五六年のことである。

余談ながら、山本嘉次郎はバスコン映画も監督している。一九五四年に設立された日本家族計画協会（JFPA）の依頼で作ったPR映画『家族計画第一歩』(56)がそれ。十六ミリ、三十分。プリントは現存し、JFPAに事前連絡し、予約すると、ビデオにテレシネしたものを視聴できる。ホラー映画の古典、B級映画から性病啓蒙映画まで監督したエドガー・G・ウルマーと山本嘉次郎の比較研究は今後の課題である。

閑話休題。

性の実態をレポートしたキンゼイ報告の男性篇「人間に於ける男性の性行為」が一九四

八年に発表されたのに引き続き、女性篇「人間に於ける女性の性行為」が発表されたのが一九五三年。れっきとした学術レポートなのに日本の一般大衆はこれをエロ本として貪《むさぼ》り読んだ。私の独断と偏見で断定するのではない。当時のカストリ雑誌やタブロイド新聞を読めばよく分かる。敗戦国の焼け跡からエロが復興の牽引役となり、朝鮮動乱・逆コースと叫ばれた時代に至って、エロは逆コースどころかどんどん過激化し、戻りようのない暴走の一途をたどるのを誰にも止められないようになっていたのである。

これらは闇に葬り去られた裏の映画史のほんの一例である。そして、黒澤明が『静かなる決闘』を監督した時代とは、そのように日本中が発情し、対する映画もまた熱かった時代だったのであった。

『羅生門』グランプリを制す

一九五一年九月十日、第十二回ヴェネチア国際映画祭で黒澤明の『羅生門』(50)がグランプリを受賞する。そのニュースは同月十二日には日本の各新聞に掲載されて、一躍日本中の話題となる。

この受賞が当時の日本人にとっていかに衝撃的だったか。日本はアメリカ占領下において急速な復興を遂げんとするさなかにあったが、人々の脳裏にはまだ戦争の記憶が深く刻まれており、初めて経験する負け戦のショックから劣等感と僻《ひが》み根性が巣食っていた。

そこに日本映画が国際映画祭の最高賞を受賞したというニュースが飛び込み、国際映画祭のグランプリが何を意味するものかよく分からなかった日本人が「世界一」の証であると知るに至って、戦後復興期における「フジヤマのトビウオこと古橋廣之進の活躍」（一九四九年）、「湯川秀樹のノーベル賞受賞」（一九四九年）に続く、嬉しいビッグニュースとして、日本人は本来のプライドを少しだけ取り戻せたのだった。

ヴェネチア国際映画祭の主催国イタリアでは、『羅生門』の国内一般上映に続き、ほとんど未知であった黒澤明の新作を上映したいという要望があがり、これに応じて黒澤の新作がさっそく紹介されることになる。

この時点での黒澤の新作は、松竹作品『白痴』（51）である。改めて指摘するまでもないが、大幅カットを要求する会社側の要求に黒澤が激怒して「そんなに切りたければ縦に切れ！」と言ったと伝えられる映画だが、批評的にも興行的にも惨敗した呪われた作品であった。

争議で混乱する東宝を離れて、映画芸術協会の一員として新東宝・大映・松竹と流浪の旅を続ける黒澤は、『白痴』の失敗により、大映との契約も破棄され、当分冷や飯を食う可能性があった。が、すんでのところでこの『羅生門』のグランプリ受賞に助けられた。時代は、朝鮮戦争の勃発、冷戦の激化によるGHQの対日政策の大転換もあって、東宝争議後の混乱は急速に収束に向かっている頃であった。

黒澤ら映画芸術協会のメンバーは、レッドパージと引き換えに追放解除で職場に復帰した映画会社の首脳部直々《じきじき》の要請によって東宝に復帰。自動的に映画芸術協会は解散する。ちょうどイタリア側がグランプリ監督の新作を希望したときは、黒澤は東宝復帰第一作『生きる』（52）を撮影している時期であった。

実はその時点で黒澤明の日本での最新封切作は、敗戦のごたごたの中で撮影された『虎の尾を踏む男達』（45）だったのである。『虎の尾を踏む男達』は、GHQにおかれたCIE（民間情報教育局）の検閲によって、主従関係を描いているから封建的と見なされ、禁止映画として、お蔵入りしていた作品である。

それがこの時期に国内で初封切されたのは、『羅生門』のグランプリ受賞の余禄というより、日米講和条約の締結の結果によるものだった。

『虎の尾を踏む男達』は『羅生門』と同じく時代劇だったので、イタリア側はこれ幸いとグランプリを受賞したばかりの監督の新作として『虎の尾を踏む男達』を上映したいと申し出る。ただし同作品は五十八分の中篇であるから、イタリア側との仲立ちをした東和映画は、短篇映画を選定し、併映作品として一緒にイタリアに送り出すことになった。

その短篇とは、秀映社製作の二巻もの美術映画『歌麿』（52）という作品である。

短篇映画とはいえ、日本初のさくらカラーを使って撮影された色彩作品であるから（一九五一年の国産初長篇カラー作品『カルメン故郷に帰る』はフジカラーを使用）、かなり贅沢に予算がかけられたことが分かる。

ヨーロッパには美術作品についての短篇映画が数多くあったので（たとえばアラン・レネの『ヴァン・ゴッホ』、『ゲルニカ』、『ゴーギャン』など）、それを真似たものを海外でも人気の高い喜多川歌麿でやろうとしたんだろう。ちょうど一九五二年は歌麿の生誕二百年にあたる記念の年でもあった。

監修は作家の邦枝完二。溝口健二の『歌麿をめぐる五人の女』（46）の原作『歌麿』（のち『歌麿をめぐる女達』に改題）を書いた浮世絵や江戸情緒に造詣の深い作家で、長女・梢は長じて黒澤の『野良犬』（49）に抜擢され、『七人の侍』（54）などで黒澤に重用される木村功と結婚、エッセイストとしても活躍する。

浮世絵・歌舞伎研究家の吉田暎二総指導、日本画家の太田雅光実技指導、そして製作・監督は住田暎介。ん？　どこかで聞いた名前。いや、製作会社である秀映社という名前にも記憶があるゾ、と思われた方、本章をもう一度読み返していただきたい。

国産エロ映画、世界を往く

さて、秀映社とは戦後日本のエロ映画の出発点になった『東京十夜』を製作した会社で、その代表が住田暎介だったということを確認されたと思うが、そうなると、一見すると巧妙に短篇美術映画を装った『歌麿』なる作品がいかなるものか想像がつこうというものだ。『歌麿』の内容は、建前こそ「浮世絵の発達経路から歌麿の偉大な画業を描く」というものだが、動きがない絵をどう見せるかという段になって、アラン・レネのようにモンタージュで細切れにしてリズミカルに見せるという方法論もあったはずだが、さすがエロ映画で儲けた会社だけあって、本物の女性を半裸にした活人画で浮世絵を再現したのである。この発想こそまさにエロ事師ならではもの。

モデルとして選ばれたのは、芸者や海女たちで、たとえば肌脱ぎの洗髪、風呂場から化粧までのポーズ、蚊帳《かや》の中の寝姿、さらには海女のあわび取りに至っては房総半島にロケし、海女たちに赤い腰巻をつけさせて何度も海に潜らせるなどして撮影し、のちに一部削除されてしまったが、乳首が丸見えだった場面もあったという。さもありなん。ま、エロ版森村泰昌という気もするがね。

歌麿が描いたあわび取りといえば、前述の溝口健二『歌麿をめぐる五人の女』にも同様の場面がある。同作では、川崎弘子、飯塚敏子ら著名女優たちがモロ肌脱いで化粧し、刺青《いれずみ》を見せたことも話題になったが、やはり最大の見せ場はあわびの摑み取りのエロティックな場面である。

当然、これは大いに映倫で問題視され、実際にその一部が削除されている。それに当時の一般客からすれば、「天下のミゾグチ」で映画を見に行くはずもなく、「エロ映画だから」ということで映画館に足を運んだはずである。実は戦後日本のエロ映画の歴史は、この『歌麿をめぐる五人の女』から始まったのである。

実際、その頃の溝口は、一般には愛欲映画監督として認知され、これまた愛欲作家でもある舟橋聖一原作の『雪夫人絵図』(50)では原作の雪夫人のイメージから大きく離れて、熟れた肢体でエロ度満点であった木暮実千代を起用している。

映画の愛欲描写では映倫と揉め、柳永二郎と浜田百合子の混浴場面は削除、ポスターにはかなりドギツイ惹句が躍っていることからも想像されるように、ほとんどの観客はこれを「文芸エロ映画」として認識し、映画館に行ったのである。

『歌麿』に話を戻すと、乳首が見えていた部分について、映倫からのクレームによって削除を余儀なくされると、総指導にあたった吉田暎二は次のようなコメントを出した。

よく出来ましたよ、日本独特のものの合理的な効果を狙っているわけで、あれを見るとさすがに絵の刺激が非常に強く、逆にモデルの実写など印象に弱く、どうしてあれがカットになるか私には判らぬ。なにしろあれは一枚何十万円もする国宝級その他原画を百枚以上も使い、背景や小道具その他諸式に実感を出すため向島「八百松」などにロケーションするなど大変な苦心をしました。

（「内外タイムス」一九五二年六月七日付）

『歌麿』がイタリアでどのような評判であったかは分からないが、続いてフランスからも上映の引き合いがあったことからすると、大方海外では好評だったことは確かなようである。

フランスでの上映準備のために英語の字幕台本が、ちょうど渡仏中であった東和の社長・川喜多長政宛に空輸されたという。

川喜多長政がこの映画の製作にどのあたりまで関わっていたか、あるいはまったく関わっていないのかは不明だが、川喜多の仲立ちによって『歌麿』はヨーロッパで上映されたあと、日本でも東和が配給して松竹洋画系で、翌年の一九五三年八月二十六日に公開された。

謎なのはもともと輸出用に製作された作品なのに、なぜ映倫がわざわざ輸出前に審査し、削除を指示するかということである。このあたりはよく分からない。

ともあれ、『歌麿』はそのような怪しげな映画であるにもかかわらず、ちゃんと東和の社史『東和の半世紀』（一九七八年）の巻末リストにも、戦後、東和が初めて手がけた国産短篇映画の配給作品として掲載されている。それから推察すると、やはり川喜多長政が製作にもなんらかの形で関わっていたと考えるのが自然だろう。

とはいえ、やはり『歌麿』の場合、エロ映画なのか、それとも純然たる美術映画なのか、思惑というか、狙いというか、「芸術かエロか」なんていうことではなくて、確信犯としてエロを混ぜて売ろうという下心があったのか、そのへんの境界線は秀映社なる製作会社の怪しい略歴を勘案すると非常に微妙だが、その微妙な映画がジャパニーズ・エロティシズムのアート・フィルムとして黒澤明とセットでヨーロッパに紹介されたことは特筆すべきことである。先にも指摘したように『羅生門』もレイプの話なのだから。

なにも『歌麿』や『羅生門』だけに限らない。欧米世界が黒澤明を通して日本映画を発見した時代、すなわち一九五〇年代初めから中頃というのは、前回紹介したようなプレ・ピンクの国産エロ映画が日本国内でお客を集める一方で、『羅生門』のようにちゃんとした形ではないけれども、海外へもジャパニーズ・エロ映画が輸出されはじめた時代でもあったのである。もしかしてこれがクール・ジャパンの先駆けだったりして。シネアート・アソシエーツが製作したバーレスク映画『裸の天使』（50、中川順夫監督）はその代表例。

【図7】「内外タイムス」1952年8月28日付。

映画年鑑によれば、シネアート・アソシエーツの本社はハワイにあり、「国際映画の製作輸出ならびに興行、日本映画の輸出ならびに興行、外画および映画資材の輸入を目的に一九四九年に創立された」となっており、『裸の天使』はその第一回作品にあたる。「内外タイムス」一九五二年八月二十八日付によれば、なんでも四月に来日していた元ハリウッドの監督ナット・ネイザンソンが地方の映画館にふらりと入って見た、この『裸の天使』を気に入り、是非アメリカでも公開したいと申し入れたのだとか【図7】。

アメリカ公開題名は『Tokyo Follies（東京フォーリーズ）』。「一九五二年の秋にはアメリカで上映したい」

とネイザンソンは語る。ホントかね？

　ちなみに私はナット・ネイザンソンなる監督は知らないし、ＩＭＤｂではNathansonも『Tokyo Follies』も検索にヒットしない。まあ、だからといって話題作りのガセというわけではないだろうけれども、実は講和条約締結直後の日本と欧米の映画界の非メジャーによる水面下での関係は、まだ明らかになっていない映画史の闇の部分でもあるので、一概にガセとも言い切れないのだ。

　とはいえ、ガセの疑いが晴れたわけではない。会社の登記がどうなっているか不明だが、ハワイに本社がある怪しげな会社が製作した映画の国籍はどうなっているのか。輸出輸入の関税をどう切り抜けているのか。そのあたりはまったく不明である。

　ともあれ、時代がたまたま重なっただけだろうが、黒澤とともにエロ映画をめぐる国内／海外の受容は急速に広がり、日本と外国の距離もエロを媒介にしてぐんと縮まっていたことは改めて確認しておきたい。

　だが、『純潔を狙う悪魔』なる映画のポスターが海外向けであるはずもなく、『静かなる決闘』の逆輸入のポスターともとうてい思えない。謎のポスター事情を探るために、さらに本稿は推論の材料を求めて蛇行を重ねることをご容赦いただきたい。

『エリジア』をめぐる騒動

次はこの時期にアメリカのエロ映画が日本で上映されたときの騒動。映画のオリジナル・プリントと海賊版の関係を考える上で、興味深い事件である。

一九五二年、秋も深まった頃、大ヒットを飛ばした一本の短篇エロ映画が騒動の発火点となる。

ストリップ劇場のチェーンを展開するコニー・グループのメイン劇場、銀座コニー・バーレスクで十月二日からストリップと併映で上映していた二巻ものの金髪ヌード映画『裸と太陽』に関税法違反、軽犯罪法違反の疑惑が浮上。さらに窃盗や剽窃の疑いまでかけられるという事件が起こったのである。

『裸と太陽』は外国人の女性が野球に興じたり、散歩したり、美容体操をしたりしているという、それだけの短篇映画である【図8〜10】。ただ「それだけ」ではないのは、映画に登場する女性たちがいずれも一糸まとわぬ全裸であること、つまり『裸と太陽』は現代ならヌーディスト映画と呼ぶべきものなのである。

原題は『Elysia, Valley of the Nude』。製作したのは米エリジア映画製作所なる団体で、

【図8〜10】『裸と太陽』(『エリジア』)。

その母体はアメリカ最大のヌーディスト・キャンプのあるカリフォルニアにあるエリジア裸体研究所。

調べてみると、なんとIMDbにちゃんと記載があったのですね。一九三四年作品。監督はブライアン・フォイ。この人はボードビリアンから出発して、バスター・キートンのギャグマンをやったあと、ワーナー・ブラザーズでB班を担当していたらしい。それがどうしてこのような映画を撮ることになったのか、その経緯は不明。

問題になったのはこの映画の出所についてである。

もともとこの映画を所持していたのは、静岡県にある結核療養所で、そこで所有している三十五ミリ・プリントが流出したと思われたのであった。

どうしてそんなものが結核療養所にあったか。まだ不治の病と思われがちだった結核に罹患《りかん》し、悲嘆に暮れる結核患者を慰安するため、せめて金髪外国人のヌードを……というのではまったくなく、エリジア裸体研究所が主張する、遠くギリシャ時代に源を発する全裸健康法の普及手段として、研究所所長のホバート・グラッセイ医学博士監修の下で、ウィリアム・サリバンが撮影したヌーディスト・フィルムを製作し、それを参考にして、日本の結核患者の治療にも全裸健康法を取り入れてもらおうということで、同研究所がCIEを通じて全国の結核療養所に寄贈したのである。

その中のひとつ、静岡県三方ヶ原の結核療養所「聖隷保養園」にあったものが流出し、ストリップ劇場でそのまま上映、あるいは不法コピーされて上映されている疑いがあるというのだ。

銀座コニー・バーレスクで上映されているのはその不法流出したものではないか、ならばCIEを通じて特例で寄贈されたフィルムが商業用として上映されるのは関税法違反ではないのか、いやその前に結核療養所が所有するプリントが無断で持ち出され、不法にコピーされたのなら軽犯罪（著作権侵害、あるいは窃盗）の疑いすらあるのではないか、というのである。その結果、映連輸出映画委員会が大蔵省と警視庁に訴え出て、騒ぎが広がった。

実はこの騒動、複雑な経過をたどることになる。聖隷保養園のオーナーは社会党左派の某代議士であった。結核療養所、ストリップ劇場、金髪ヌーディスト映画、それだけでもわけが分からないのに、続くお題は社会党左派代議士。謎かけ名人でもこれでは整わない（苦笑）。

その代議士、折りしも選挙の最中で多忙を極めている最中。やっと気がついて騒ぎになる頃には、話題性に便乗した銀座コニー・バーレスクには「見せろ」、「見たい」と連日客が詰めかけ、大入り満員の状態だった。ライバルのストリップ劇場も指をくわえて見ているはずはない。次々と新手のヌード映画やバーレスク映画を上映し、激しい客の奪い合いを繰り広げていた。その新手の中には『エリジア』と題する金髪ヌーディスト映画もあった。つまり『裸と太陽』の原題である。実はこれが同じ元ネタの映画だったことは、あとになって判明する。

遅まきながら、代議士が気づいて、劇場側に抗議を出し、映連輸出映画委員会が動き出したときは、都内だけでも同じ元ネタ映画が『裸と太陽』と『エリジア』という二種類の題名で、別ルートから入手した別バージョンで三系統の劇場で上映されていた【図11、12】。

代議士は、銀座コニー・バーレスクにフィルムを提供したアジア音画研究所の代表である斎藤彌人氏に対して、フィルムはある人に貸したものがその後行方不明になっており、コニー・バーレスク版はそれに違いないとして、同研究所に新聞各紙への謝罪広告の出稿と、百万円の賠償を求めた。

　これに対して斎藤氏は、所有するプリントについては、もともと同研究所のものであって、かつて寄付したものを保養園の使用人が勝手に持ち出したものであるから、本来の権

全裸で野球や散歩

会員になりたいとナ言っても駄目

これは〝アメリカ版裸族〟

ハダカ映画本家争い

都内二ヵ所で競映

当てた「裸と太陽」訴訟沙汰か

銀座コニー・バーレスクが開場以来の不入りを挽回しようと、いわば苦しまぎれに上映したハダカ映画「裸と太陽」は予想外の大当りをとって、ストリップ興行界に一大反響を捲き起したばかりか、これを狙った都内各劇場でも競って上映しようとする気運が生して来ている、既に浅草の公園劇場では去る廿一日から、新宿セントラル劇場では廿二日からそれぐ「独占公開」とか「浅草地区独占上映」とかの眩い文句をつけて上映しているが、これらフイルムの出処については種々と臆説も流布され、次第によっては裁判沙汰にまで発展しそうな形勢にある、以下はハダカ映画をめぐっての本家争い

【図11、12】「内外タイムス」1952年10月27日付。

利は同研究所にあると主張。両者意見が食い違ったまま平行線をたどる。

警視庁の捜査の段階で、三系統で上映されている作品は、それぞれ別ルートから持ち込まれたものでバージョンが違うことが判明する。銀座コニー・バーレスクが二巻ものであるのに対して、新宿セントラル劇場では四巻もので、さらに別編集の十六ミリ版の存在も判明した。

その結果、元ネタが同じ映画は、浅草公園劇場、新宿フランス座、池袋西口のアバン劇場でも公開されていて、スキャンダルに便乗して客を集めようと互いに本家を主張する混戦模様を呈し、まるで漫才のような「本家」、「元祖」論争を繰り広げていたのである。それぞれの言い分（いずれも「内外タイムス」一九五二年十月二十七日付）。


私の方は直接聖隷保養園にあるオリジナル・プリントからコピーして上映している。これは全四巻で原始民族やいろいろの裸の生活などが解説されており、コニーがやっているのはそういうところをカットして二巻に編集し直したものらしい。

（新宿セントラルを経営する川崎東宝芸能社長談）


斎藤彌人氏の話では、十五年前にアメリカで買ってきたもので、戦後ＣＩＥの検閲を通すために各療養所に寄付し、問題の静岡の聖隷保養園にも寄付したことがあるとのことですが、私には詳しいことは分かりません。

（銀座コニー・バーレスクの武内支配人談）

スキャンダラスな混戦は、都内から主要地方都市にもあっというまに広がった。名古屋地区においても三系統で三つ巴の激戦を繰り広げていた。

名古屋日東宣伝社が提供したプリントが名劇、希望会館（のちのテアトル希望）、国際劇場の三館、東宝芸能事業部配給のルートからは名宝、大宝の二館、さらに十六ミリ版がストリップ劇場の大須港座、と三系統計六館で公開という状況で、金髪ヌーディスト映画の「どえりゃあタワケな」競映に火花を散らしていたというわけである。

捜査の過程でとりあえず分かったのは、前記の川崎東宝芸能社長の証言にもあるように、聖隷保養園と同じバージョンは、銀座コニー・バーレスク版の二巻ものではなく、新宿セントラル版の四巻ものであったということであった。

結局、事件は、欧米で流行している健康法を紹介するフィルムを結核療養所に寄贈したという美談からはじまり、利権をめぐる権利主張闘争に発展し、果ては流出元になった静岡の聖隷保養園のオーナーが社会党の代議士であったことからくる政治利用、エロ映画上映館やストリップ劇場側の商売根性、斎藤彌人氏の不可解な素性、騒ぎに乗ずるマスコミ、スケベなヤジ馬、全裸健康法に一縷《いちる》の希望を見出す結核患者等の思惑を呑み込んだまま、十一月に入ると地裁が聖隷保養園版のプリント差し押さえの仮処分を受理。

同版と思われる新宿セントラル上映版について差し押さえが執行されるが、セントラルでは別のヌード映画に同じ『エリジア』という題名をつけて上映を続行。こうなるとますますわけが分からない。

だが、その流れの中で先ほど紹介した一連の金髪ヌード映画のセントラル系列劇場での上映があったのは確かなようだ。実際、フィルムを提供しているのはすべて斎藤彌人氏が代表を務めるアジア音画研究所。まだまだ全裸健康法の普及フィルムのネタはあったのである。

賭けてもいいが、これらの騒動は原著作者のエリジア映画製作所のまったく知らないところで起こっていると思って、まず間違いない。

しかし、こうしてラフにまとめてみても、やっぱりわけが分からない。情報の錯綜、食い違う証言、裁判、仮処分執行、題名のすげ替えの迷走のあげく、その後、突如としてカストリ雑誌やタブロイド新聞からは事件の続報があとかたもなく消え、代わって次々と公開される新手のエロ映画の記事に埋め尽くされる。マスコミはいつの時代も無責任だとい

 っても、これはどういうことなのか、どのような結果になったのか、まるで不明で、わけの分からなさにまったく呆然とするしかない。これが本当の「羅生門」ってやつなの？

跋扈する闇フィルムの盗映

ここまできてやっと『純潔を狙う悪魔』のポスターの正体がどのようなものであるか、おぼろげながらでも分かっていただけただろうか。

以上の迂回と蛇行を重ねた調査を元に、『純潔を狙う悪魔』のポスターの正体について、私なりに推理すると、可能性として考えられるのは、以下の四つであるように思う。

①『静かなる決闘』を不法コピーし、エロ映画に見せかけるためのポスター
②『静かなる決闘』を不法コピーし、切り刻んでエロ映画とつなげたもののポスター
③ポスターは『静かなる決闘』のクレジットと写真を盗用したものだが、中身は『静かなる決闘』とはまったく違う別物
④『静かなる決闘』のクレジットと写真を盗用したポスターだけしか存在せず、該当するフィルムはない

いずれにせよ、このポスターの存在は、闇フィルムを扱うエロ業者たちの暗躍を裏づけるものであることは確かなようである。

敗戦により、映画界には内務省の検閲はなくなったが、代わってCIEによる禁止映画（封建主義につながるもの、戦時中の国威発揚映画など）は存在したし、映倫による審査もあった。

にもかかわらず、エロ映画に限らず、禁止映画に入っていたはずの旧作時代劇や戦争映画までこっそり、あるいはおおっぴらに上映されていたことは、『映画年鑑』等の公式記録が伝えるところである（禁止映画の不法上映のことを「盗映」と称する）。

地域的には四国・九州といった、西日本の南方が多く、これについては台湾・沖縄の闇フィルムルートが考えられる。戦後、消失したと思われていた映画がこの地域で見つかることが多いのは、同じように引揚者によるルートや組織的密輸入による台湾・沖縄ルート、その逆の四国・九州から沖縄・台湾へのルートがあったためと推察される。

日本映画の海外密貿輸出（とくに沖縄方面）が激しくなり、五十一年度上期において摘発したものだけでも十数件に及んだ。密輸出は非合法手段で行われることもあるが、多くは往来する第三者がギフト物資として個人的に持参する場合が多く、正規の手続きにより入手した輸入現地業者を手こずらせている。（……）新たに密輸船を使用する方法が活発化し、（……）

（『映画年鑑』一九五二年度版）

最近某映画製作会社に届いた沖縄那覇市の中央劇場仲井真氏からの便りによると、密貿易により多数の新作日本映画が流入して現在さかんに同地で上映されているという。現在沖縄に合法的に輸出されている日本映画は去る五月総司令軍政部によって各社から買い上げられた二十六本の十六ミリ映画だけであるはずだが、仲井真氏の便りによると、昨年十一月頃から密輸映画の上映がはじまり、最近では沖縄四十三館の映画館中、毎日数館が日本映画をかけており、早いのは日本封切後十余日には上映されているという。これ等の日本映画はいずれも非常な人気を呼び、那覇首里等の都市では一本一週間は十分上映可能で、島部でも二日間は持つので相当な成績があがるという。

（「内外タイムス」一九五〇年九月二十八日付）

沖縄で闇フィルムとして上映されたのは、なにも新作の日本映画だけではない。本土ではとっくに破棄されたサイレント映画だって新作と一緒に上映されていたのである。

四十八年から五十二年にかけて、私が見た作品を思い出せる限り書き付けたリストが手元にある。約千百本。それを見ると、本土の映画関係者は首をかしげる。戦前の古い映画が大量にあるからだ。例えば、四九年に稲垣浩監督の『瞼の母』（31年製作）、五〇年には溝口健二監督の『滝の白糸』（33年）を見た。なぜ、こんな古い映画を上映したのか。一体、戦場になった沖縄のどこにフィルムが眠っていたのか。その答えは子供でも知っていた。フィルムは密輸品だったのだ。台湾や九州に残るフィルムを、与那国島や奄美大島経由でこっそりと業者が持ち込んで劇場に流していた。これは公然の秘密だった。

（山里将人「静かな反抗、闇映画の熱狂」、「日本経済新聞」二〇〇一年六月二十二日付朝刊）

この山里将人という人は沖縄在住の医師で、熱狂的な映画ファンとして青春時代を送った人。

その山里は、この日経への投稿に繋がる形で、戦後の沖縄における闇フィルムの受容史『アンヤタサ！――沖縄・戦後の映画１９４５～１９５５』（ニライ社、二〇〇一年）を出版している。

講和条約締結以前の沖縄の映画興行がいかに本土のそれと異なっていたか、この本を読むとよく分かる。そしてその闇映画ルートの実態についても。

詳しくは同書をお読みいただきたい。沖縄だけの改題上映についても触れてあって、なかなか興味深い。

また、石原昌家による『空白の沖縄社会史——戦果と密貿易の時代』（晩聲社、二〇〇〇年）によると、こうした沖縄における闇フィルムを含む物資や食糧品などの密貿易の実態について、一九八二年の春に松竹で映画化の企画が浮上し、また、同年の夏にはかねてよりこの件に興味を持っていた映画評論家の荻昌弘が、TBS「そこが知りたい」に出演し、ナビゲーターを務めることが企画され、制作・オンエアされる予定があったという。ところが松竹の映画化は流産し、TBSの番組は制作直前に上層部から突如不可解な中止命令が出されたとされている。

たかがエロ映画、されど闇フィルム。結構これはヤバいネタなのかしらんと思い、こんなことを書いていいものかとも思ったりする。国際問題だけならともかくスナッフ・フィルムが絡んでいたりして。荻昌弘がそれからしばらくして死んだのは、もしかして謀殺されたのか（暴走する松本清張『日本の黒い霧』的な妄想！）。

さらに当時の新聞を丹念に読み拾っていくと、地下映画製作や配給業者の摘発や映画会社の倉庫に忍び込んでフィルムを盗み出すという事件が頻繁に起きていたことが分かる。たとえば、次のこんな記事。

調べによれば、前後五回にわたって、千住倉庫株式会社に忍び込み、同倉庫に保管してあった三映社株式会社の『格子なき牢獄』『巴里の屋根の下』『舞踏会の手帖』『陽気な連中』など仏、ソ連の名作もの二十六本を盗み出し、フィルム清浄業者に屑フィルムとして売り飛ばした。

（「内外タイムス」一九五三年八月十五日付）

当然、この場合、作品そのものの価値ではなく、重量での量り売り。電線かクズ鉄の扱いと同じである。これが小松左京の『日本アパッチ族』のフィルム版だったらおもしろいけど。つまりクズ鉄を食べるアパッチ族のように、フィルムを食べる種族がいたら痛快だという妄想である。

むろん盗み出したフィルムを闇フィルム業者に流すルートもあったはずである。

次の記事はもっと興味深い。この場合はさきほどの窃盗事件の換金方法と違い、作品そのものの価値に比重をおいているところが肝。たぶん、今回の謎の真相に最も肉薄するヒントを与えてくれる記事である【図13】。

製作会社の知らない間にその作品が十六ミリ映画としてさかんに巡業映画に使われていることが判明。その出所が大阪と東京にあることをつきとめた東宝では、これを闇フィルムとして差押えるため何《いず》れも訴訟を起こした。

（「内外タイムス」一九五一年十月二十四日付）

知らぬ間に16ミリに
東宝、ヤミ巡業者を告訴

製作会社の知らない間にその作品が十六ミリ映画としてさかんに巡業映画に使われていることが判明、その出所が大阪と東京にあることをつきとめた東宝では、これを闇フィルムとして差押えるため何れも訴訟をおこした

大阪ではすでに東宝関西支社が某業者を相手取って仮処分を申請、相手側も反訴して本訴訟に入り、十九日両者が申請した東京在住の高津東宝総務部長、小田商邦画部長、藤崎者配営業部長ら七名に対し、大阪地裁が出張して証人調べを行った、東京では本社において某社に対し差押え仮処分を申請したがその本訴訟は廿六日東京地裁でひらかれることになっている　これら映画は一本あたりの販売価格十三万円、貸付価格三千円内外で流されているもので、映画館に配給されたポジフィルムから復写したものとみられている

東宝の調査によると同社作品には「今ひとたびの」「昨日消えた男」「また逢う日まで」など九本があり、他社映画でも大映「愛染香」「母恋星」「遥かなり母の国」「浅草の肌」など十三本、新東宝「小原庄助さん」「三百六十五夜」「湯の町悲歌」などがあるといわれている

銀座・新宿　オリンピック

【図13】「内外タイムス」1951年10月24日付。

記事にはその対象作品の一部が掲載されていて、その不法な闇フィルムリストには、東宝作品のみならず、新東宝、大映作品が多数混ざっている。そこには『純潔を狙う悪魔』の元ネタである黒澤明の『静かなる決闘』の名前はないが、このリストがごく一部であることを考えると、同様の事件がもっとあったと容易に想像される。

『純潔を狙う悪魔』の中身が黒澤の『静かなる決闘』であれば、このような形でフィルムが闇ルートに流出し、改題上映される可能性もあるやもしれぬことを、この記事は裏づけしてくれる。

なお、記事によると、流出の経由は、映画館に配給された三十五ミリの上映用ポジフィルムを十六ミリプリントに不法コピーしたもので、一本あたりの価格は、販売が十三万円、レンタルが二千円となっている。

この記事に前後して「朝日新聞」一九五一年十月二十日付朝刊に、「家庭で使用できる十六ミリの携帯用トーキー映写機が新販売」という記事が映写機の写真入りで紹介されている。

映写機の定価は十六万円という高額だから、家庭用と謳《うた》ってあっても、主に購入したのは巡回映画業者や団体ではないかと推察されるが、映写機材のコンパクト化により、フィルムを盗んだり、不法コピーをしたり、盗映したりすることは、業界内部の共犯者がいれば、案外簡単で儲かるネタだったように思えてくる（つうか、内部の共犯者はいるだろ、絶対）。

しかし、である。

それならば、知名度のある儲かる映画をわざわざエロ映画に見せかけるような面倒なことをしないほうがもっと儲かるのではないのか。

事実、先に市川久夫の証言を記したように、『静かなる決闘』の興行成績は悪くないのである。不法コピーの盗映であったとしても『静かなる決闘』として公開したほうがよほど儲かるのではないか。

となると、この謎のポスターの正体は、クレジットと図版だけを盗用したでっちあげのポスターで、まったく別のエロ映画を上映した可能性が強くなる。それがいちばん自然である気がする。

要するにあれ。分かりやすい例を出せばピンクチラシ。その昔、公衆電話のボックスにベタベタと張られていたやつのことである。

ピンクチラシは、迷惑条例改正もあって処罰が重くなったため、街中からほとんど姿を消してしまったが、八〇年代のバブルの時代は、街中のいたるところに、そういった怪しいチラシやポスターがところかまわず貼られ、置かれ、ティッシュとともに配られ、ポスティングさえされていた。

それにはアイドルや女優の写真が勝手に使われていたこともあった。いかがわしい風俗とはまったく関係ないはずのアイドルの写真が、街行く男性諸氏の妄想を駆り立て、誘惑したものである。森高千里や浅香唯がデリヘルやイメクラに在籍するはずもないのに。それがＡＶ女優になるとさすがにリアリティがあって、確実に妄想は股間を直撃したはずである。実際、事務所の方針で名義や顔貸しをするＡＶ女優もいたが、ほとんどはいうまでもなく無関係である。騙された本人が主張するのだから間違いない（え？）。

そういえば無断でピンクチラシに写真を使われて、某アイドルＡＶ女優が肖像権侵害で訴えた事件もあったこともあったような……確かに記憶にある。驚くほどのオタクであった故・実相寺昭雄はこういうチラシのコレクターでもあったが、数多《あまた》の実相寺コレクションが寄贈された川崎市民ミュージアムはどうしているんだろう？

こんなことをあれこれ考えていると、ふと『純潔を狙う悪魔』の正体は、「純潔」が「正規の上映フィルム」で、それを狙う「悪魔」が「闇フィルム業者」の、それぞれ暗喩であるのかもしれないと思えてきた。

何かとてつもない国際的な陰謀が隠されているのだろうか。

妄想ついでに、もしかしたらこの奇妙なポスターの存在は、たとえば松本清張の傑作ミステリ『Dの複合』のように、その存在そのものが闇フィルム業者を告発するものだったり、闇業者同士の連絡が埋め込んであるものであれば、いっそう複雑怪奇でおもしろい。『トレジャー・ハンター』か『ダ・ヴィンチ・コード』か。いやね、どちらかといえばフリッツ・ラング的猟奇と狂気の世界（『条理ある疑いの彼方に』のラインかね）がふさわしいと、密かに妄想がとめどもなくふくらんでいるのである。

第二章　ピンク映画と実演　名古屋死闘篇

名古屋の映画館事情

一九七三年という年は、やくざ映画とロマンポルノが揃ってキネ旬等の主要な映画賞でベストテン入りしており、これを見ずして映画の現在を語るのはなにか重大な取りこぼしをしたのではないかと、映画狂の中学生にも思わせる熱気のようなものがあった。

乏しい小遣いではなかなか封切りは見られず、三本立てや四本立ての下番館に落ちてくるまで待っていると、東映ではその頃、やくざ映画を製作する一方でポルノを作り、洋ピンまで配給していたから、東映系の下番館では、『仁義なき戦い』と『温泉こんにゃく芸者』と『ディープ・スロート』というわけの分からない組み合わせもあったりして、映画狂の中高校生は「映画には貴賎はない」というアンリ・ラングロワの言葉を嚙みしめながら、人生を学んでいったものである。

そしてその時代、もうひとつ見ておかなければならないものがあった。現在ではもう忘れられ、ビデオやＤＶＤでは再現不可能になってしまった成人映画（主にピンク映画）上映館ならではの出し物、即ち実演と呼ばれるライブである。

一九七三年、東京都二十三区内での映画館の数は三百十三館。これに対して愛知県の映画館の数は百五十館、そのうち私が生まれ育った名古屋市内の映画館は七十六館あった（『映画年鑑』に拠《よ》る）。

映画館の数でいえば、東京とはお話にならないぐらい少ないが、当時はまだ日本映画の四つ（松竹、東宝、東映、日活）のメジャー映画会社によるブロック・ブッキングが崩壊寸前とはいえ、残っていたし、トヨタを始め、いくつもの世界的な企業を抱える名古屋市は、貯蓄率日本一を誇り、堅実で知られる土地柄もあって、外国映画に関して封切りは二本立て興行をしており、下番館は三本立て、四本立てというのも珍しくなかった。なんといっても日本ヘラルドのお膝元なのである。

また、映画館のほかに七〇年代までは、グループＴＦＯや狼少年牙王社《がおうしゃ》など名古屋派と呼ばれる実験映画の製作やシネクラブ運動も盛んであったので、それほど映画上映の状況が悪かったとは思えない。ただし、東京でミニシアター・ブームが起きた八〇年代以降、その状況は急速に退潮する。

以下は、私が一九七〇年代によく通ったピンク映画常設館だが、下番館が多いのはテケツ（もぎり）のおばちゃんがボケていたり、おおらかだったりして、未成年チェックがユルく、高校生でもなんとか潜り込むことができたからである。ただし場内に補導員がいる場合もあるから、細心の注意を払う必要はあったけれども。

テアトル希望※（中村区）四百七十六席、一九四八年創立、当初は松竹封切館
大須名画座（中区）三百八十席、一九五〇年創立、当初は外国映画の名画座
円頓寺劇場（西区）二百五十六席、一九五一年創立、当初は新東宝封切館
旗屋シネマ※（熱田区）二百五十席、一九五一年創立、当初は外国映画の名画座
大江文化劇場※（南区）二百六十席のちに百九十八席、一九五三年創立、当初は大映・東宝・外国映画の封切館

一覧にある映画館のうち、一九七三年当時、テアトル希望だけが封切館で、大江文化劇

場が封切館と名画座の混在型。あとはいわゆる名画座とか下番館といわれる劇場である（※印は実演付き）。

どの劇場も映画産業の景気がどんどん伸びていった時代に建てられた古い建物で、映画産業の不況化に伴い、てっとり早く安定した利益をあげることのできるピンク映画館に転身したものばかりである。

テアトル希望は名古屋駅前の繁華街をちょっと入ったところにあり、当初は松竹の契約館であったらしく、最も収容人員が多い。この劇場の最大のセールスポイントは「実演と映画」だった。新聞広告には「ズバリ！　楽しめる映画は成人向」というキャッチコピーが必ず書かれていた【図1】。一九七二年の正月に谷ナオミ劇団が名古屋初お目見えで実演をし、その後の一九七四年には谷ナオミの一番弟子である東てる美も映画出演や東京での実演に先駆けて、一足先にテアトル希望の実演でデビューを飾った。

大須名画座は、一九七〇年代にはピンク映画や日活ロマンポルノを上映する名画座となっていたが、古いピンク映画を併映作品として上映することも多く、ここで、私は、若松孝二の一九六〇年代の名作群や、ピンク映画の名作の誉れ高い新藤孝衛監督『雪の涯《は》て（別題『青春0地帯』）』（65）、梅沢薫監督『濡れ牡丹　五悪人暴行篇』（70）、武田有生監督『好色一代　無法松』（69）、武智鉄二監督『黒い雪』（65）などの旧作ピンク映画を見た。

円頓寺劇場は、成人映画を一日に五本から六本上映する名画座で、東映・日活・ピンク映画おかまいなしに特集上映を組んでいたので、ここにはいちばんよく通った。年長の知人が映写技師をしていたので、顔パスで入れてくれたことも大きい。石井輝男の一連の異常性愛モノはここで見たのが最初である。

一九七〇年代末にはマンガ図書館を併設し、八〇年代に入るとビデオ図書館も増設。ビデオ・レンタル時代の草分け的存在であるが、成人映画からアダルトビデオ、国内外の名

【図1】「中日スポーツ」1972年1月1日付。テアトル希望の広告。

作映画、カルト作品まで収蔵し、手軽に閲覧できるというシステムはずいぶん重宝した。またビデオの生テープも廉価で販売していた。

旗屋シネマは六〇年代後半には二番館として洋画三本立てを上映していたが、やがて成人映画専門の名画座になった。この劇場には、舞台中央から観客席に張り出した、通称「でべそ」といわれるステージがあり、それがいつ頃設置されたものかは不明だが、七〇年代もぼつぼつ実演つき興行をやっていたようだ。

一九七六年から七八年にかけては、当時、常設館を持っていなかった名古屋を拠点とするシネクラブ、ナゴヤシネアストト（現在の名古屋シネマテーク）が利用することもあったので、「でべそ」のある成人映画館で、大島渚の特集上映やトリュフォーやド・ブロカの作品を見るという奇妙な体験をした。ちなみにこの特集上映も三本から五本の作品を一挙上映するという形態だった（その後、ストリップ劇場に転身し、一九八〇年代半ばに閉館）。

大江文化劇場にも舞台に「でべそ」が設置されてあり、ここは完全に実演に特化した番組編成で、テアトル希望でやっていたような寸劇に毛の生えたようなドラマ仕立てのセクシー・ショーではなく、もっとエゲつない「こけしベッドショー」とか「天狗ショー」とかやっていた【図2】が、未成年だった私は、さすがにビビって一度しか行っていない。

七〇年代後半には映画館を廃業し、ＤＸ（デラックス）大江というストリップ劇場に転

【図2】「中日スポーツ」1972年1月21日付。大江文化劇場の広告。

身した。ステージの「でべそ」をそのまま流用したのである。それまで名古屋で主流だった比較的大人しいストリップと異なり、京都を拠点にするDXを冠にした興行会社の系列のストリップは相当えげつないと「11PM」で見て知っていたが、噂どおり当時名古屋ではほとんどなかった本番まな板ショーを中心にした過激なストリップで、数回見に行って虚弱な私は退散した覚えがある。

　大江という地区は、名古屋に短期間存在した、マキノ正博が所長を務めるマキノ中部撮影所がかつてあった場所に隣接しているのだが、そういう映画ファンにとって神聖な地域で本番まな板ショーとは何事か！　と思ったのだ（←ウソ）。

　余談だが、映画に限らず、性風俗に関して関西は相当過激で、ストリップはいうに及ばず、七〇年代・八〇年代にわたり、阿倍野スキャンダルを第一号とするノーパン喫茶など、新しい性風俗を次々と考案し、その流行は次第に東進し、東京を席巻するのが常態であった（そのDX大江も一九九〇年には閉館）。

ピンク映画と実演

ここで当時のピンク映画における実演について書いておこう。

映画と実演というと、戦前からある連鎖劇のように、上映される映画と実演がつながっているような形を連想するが、七〇年代にはほとんど実演はそれだけで独立した芝居やアトラクションになっていた。

内容は、時代劇あり、現代劇ありで百花繚乱。着物の裾やネグリジェからチラリと太腿や胸が見える程度のものもあれば、入浴ショーやSMショーもあった。つまり、ピンからキリまでといったところだろうか。

一九七四年、谷ナオミ劇団の座員として名古屋のテアトル希望でデビューした東てる美は独立し、一九七五年に東てる美劇団を旗揚げする。十二月の旗揚げ公演はテアトル希望で行ったが、この劇団の実演のお粗末な様子を揶揄《やゆ》した記事がある（ちなみに東てる美は東京出身。博多出身の谷ナオミともども名古屋のテアトル希望を贔屓《ひいき》にしていたのはパトロンがいたからだといわれる)。

意気揚々の東京公演は新宿の歌舞伎町日活で、オールナイト興行の一部をカットして夕方七時と深夜二時二回。スクリーン前のせまい〝舞台〟で一座が演じるのは「踊り子無情・濡れつぼみ」。ヤクザにだまされてドサ回りの見世物一座に売られた踊り子の悲しいオハナシだが、東はもちろん三人の女優はアッという間にハダカになって、レズありムチ打ちあり、強姦ありと熱演また熱演である。東に恋する男が「ボクはキミが好きだ」と言い寄る場になると、「ボクもスキ!」「ボクも、ボクも」と場内は騒然となるし、「ぶっつけ本番でごめんなさいね」と東が挨拶すれば、「いいんだよ」といった調子で、芝居の出来、不出来はそっちのけ。〝実演〟が終わるや三分の一ほどに減った客席で、残った中年客いわく、「入場料はふだん通りだし、トクした感じはするんだけど、それにしても学芸会みたいだったなあ」

(「週刊文春」一九七六年四月八日号)

人気絶頂だった東てる美だから、という記事だが、まあ、こんなもんである。

最前列で見ていると白粉《おしろい》の匂いまで漂ってきて淫靡な雰囲気はしたが、所詮学芸会みたいでてんでお話にならない。

実際、東京の大衆演劇というか、もっとシビアにいえばドサ回りの旅一座のヌード版というか、芝居そのものもそのようなしょぼい出し物で、舞台におひねりと呼ばれる投げ銭が飛んだり、ファンが楽屋にタバコ、酒などを差し入れするのも常態であった。

私なんかその道の先輩（円頓寺劇場の映写技師）に「馴染《なじ》みになってくるとお弁当を差し入れる」と言われて、今なら狂信的なストーカーが何を入れるやら分からん弁当を差し入れるなど考えられない時代だが、男がせっせと愛する女優さんに差し入れるために弁当を作る姿を想像して頬を赤らめたのだった。思えば純情だったのだ。

平均的な実演の実態を伝えるデータは次のとおり。


看板女優のいる劇団になるとギャラもよく、たとえば東てる美さんの劇団なんか日立て四十万円だと言われている。普通のピンク劇団の日立てが十万円前後と言うから、その四倍は悪くない。普通の場合、男二人、女二人の構成で旅に出る。男優のギャラが一日一万円から一万五千円程度。女優が一万五千円から二万円くらいが相場である。そのほか、テープ出しの裏方さんがいれば五千円程度の出費。これだけ支出した残りが座長の取り分というわけだが、座長はだいたい男優なり女優なりが兼業しているので、まあまあの収入になるという仕掛けである。一日、三〜四回の舞台。土曜日は六回。その間に食事や洗濯もすれば、近くの喫茶店などへ出掛けて生命の洗濯もする。人気のある久保（新二）劇団など、こうしたヒマを利用して別の劇場もこなしたりすることになる。要するにかけもち。

（津田一郎『ザ・ロケーション』晩聲社、一九八〇年）

ピンク映画の実演事始め

ピンク映画の通史を読むと、ほとんどの書籍や年表では、実演は一九六八年頃から始まり、一九六九年には本格化したとされている。そしてピンク映画に実演の形で連鎖劇を最初に持ち込んだのは、ピンク映画の草分け的存在であるベテラン関孝二監督であるというのも、それらの通史に書かれており、また関孝二自身の次のような証言もある。

映画のスクリーンの途中で、ストーリーを俳優に実演させる〝連鎖劇〟もぼくがはじめてやりました。これなど、いまの谷ナオミや乱孝寿の劇団の実演のはしりですよ。

（「週刊大衆」一九七八年七月六日号）

関孝二の言う連鎖劇を導入した最初の作品というのは『秘密クラブの女』（69）のことらしい。「成人映画」一九七〇年二月号には、先に静岡、沼津で上演したら好評だったので、東京でも上演するのだという記事がある。

同じく関孝二監督作品では、『蛇淫の館』（70）の広告を見ると、「異色映画と立体実演の惑星！／また一つ誕生!!」という見出しで「ぶちかます決定的連鎖劇／『蛇淫の館』を第一作に！」、「関孝二監督が放つウルトラジャンボ篇!!」、「裸の美女が…ブルルンとボインをふるわせて客席へ!!／好評また絶賛の立体実演!!」というコピーが踊る（「成人映画」一九七〇年八月号表三広告）【図3】。

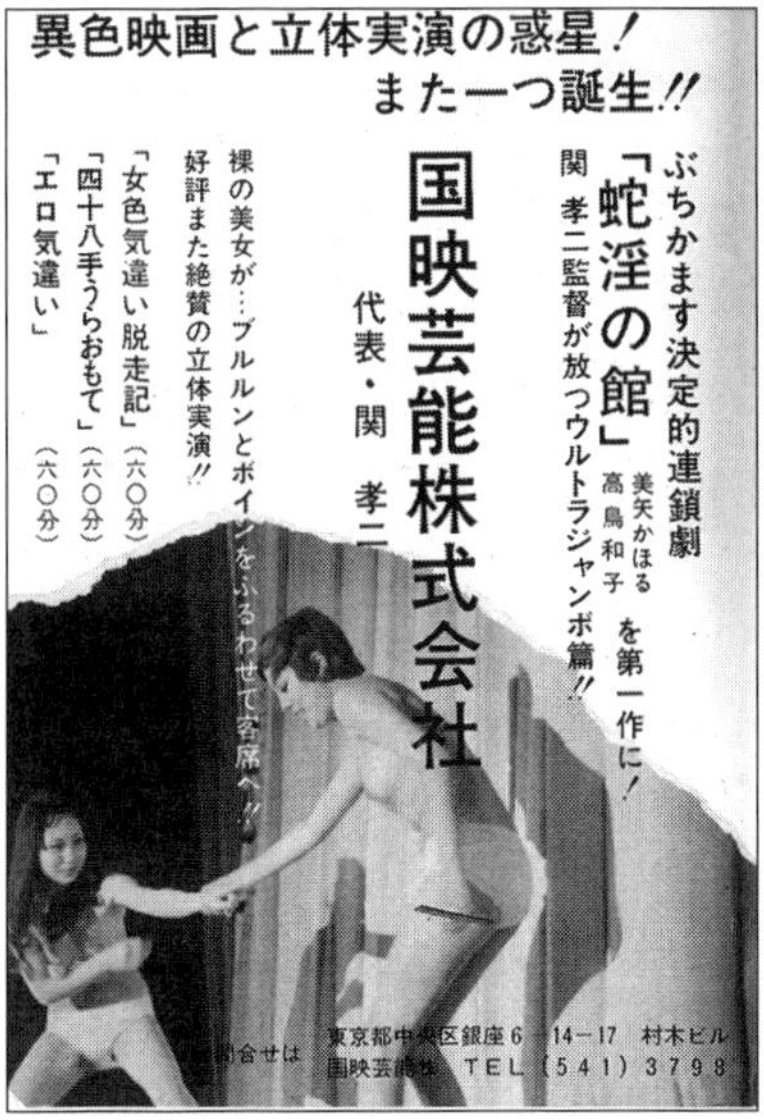

【図3】「成人映画」1970年8月号。

おそらく関孝二のやった連鎖劇とは、その頃流行していたピンク映画の「映画と実演」スタイルに、サイレント映画時代からあった連鎖劇のスタイルを加味したものだったのだろう。実際には、それ以前からピンク映画館における実演と映画はあったのだから。

少なくともそれらに先立つ一九六五年十月、浜松のストリップ劇場でピンク映画女優たちが集まって劇団「赤と黒」【図4】を旗揚げして実演を行っている。

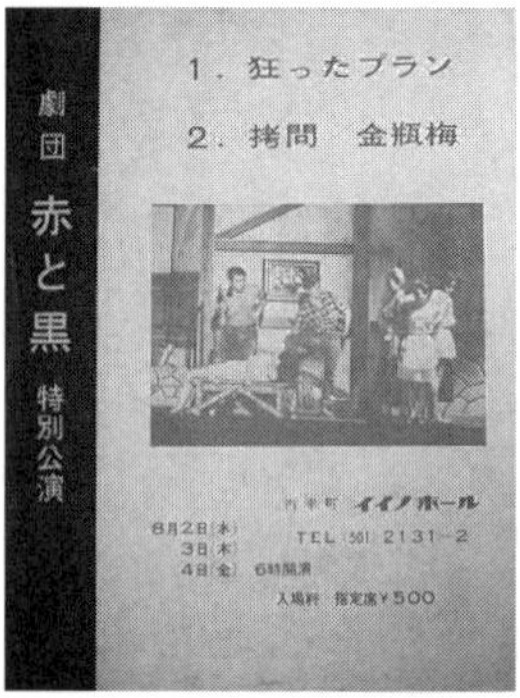

【図4】「赤と黒」チラシ。

この公演は大好評を得て、その後、全国のストリップ劇場やピンク映画専門上映館で巡業し、翌一九六六年三月には東京池袋のシネマ・リリオで一日三回、一時間の実演をしている。好評につき、しばらくシネマ・リリオでは劇団「赤と黒」の実演をつけて映画上映をしていたようである。

その後、劇団「赤と黒」はほかの劇場にも進出を果たす。この劇団は、確認できる限り、一九六八年半ばまでは活動したらしい。ちなみに、ピンク映画から日活ロマンポルノに転身し、その第一号のスターとなった白川和子は、この劇団の出身。

そして一九六九年には一挙に「実演と映画」というスタイルは流行を見せるようになる。

実はこのピンク映画館における「映画と実演」は、斜陽の日本映画界にあって一時はこの世の春を謳歌したピンク映画にも淘汰の波が押し寄せ、業界全体が不景気になったため、考え出された苦肉の策の出し物だった。

都内でピンク女優の実演を見せるところは、東京駅近くのカジバシ座、池袋のリリオ座（現在改装中）、浅草の東洋劇場など。劇団の大手では「赤と黒」「ブルーキャッツ」があるが、〝ピンク女優の実演〟が当たると知って、ストリッパーをそれらしく編成した劇団も少なくないという。

「彼女らは映画と掛け持ちでやっています。ピンク映画の製作本数が減ったといっても、結構やっていけますね。いわゆるストリッパーとは違いますから、これはこれで客がきます。けいこも五日間やっておりますし、一つの芝居、いってみれば映画の実演ですから、当局の取り締まりが厳しくてストリップは苦しいようですが、ウチは地方などからもいっぱい声がかかっています」（ブルーキャッツ）

ピンク映画の本数減少であいたからだは、舞台で埋め合わせがつき、取り締まりでキバを抜かれたストリップの穴をもうめているといった口ぶりだ。

（……）三日で一本完成のハイペース。掛け持ちを重ねて、一か月に二十本もの映画をこなしたのは昔の話。いまは三分の一の製作本数。しかし、ピンク女優らは、舞台がやれるおかげで映画と掛け持ちで大して困らないだけの収入にはなる。

（「日刊スポーツ」一九六六年十一月五日付）

しかし、どこまでが「実演」で、どこまでが単なる「アトラクション」で、どこまでが「ストリップ」や「ヌードショー」なのか。あるいはまたどこまでが「連鎖劇」と呼べるのか。その境界線はきわめてあいまいであるから、その定義づけも、いつからいつまでという年代確定も正確にはできない。

毎日新聞社の学芸部で映画欄を担当していた松島利行によれば、ピンク映画黎明期の『野生のラーラ』（63）では、「上映が終わると、ヒロインの女ターザンを演じた女優が全裸で舞台に現れ、最前列に出てきて踊るでもなく歌うでもなく右に左に移動した」（松島利行『日活ロマンポルノ全史』講談社、二〇〇〇年）という。

このアトラクションを実演と呼ぶとするならば、ピンク映画館における実演はピンク映画黎明期から存在したのではないか？

そうした疑問を解く上で、演劇評論家の神山彰の指摘は示唆に富んでいて興味深い。

戦中・戦後の上映ポスター、チラシ、新聞広告等を見ると、「実演」との併映が時折、目に付く。ピンク映画でも、日活の「ロマンポルノ」以前は「実演付き」が売りものの映画館があった。私などは、そこでは映画ではなく、物珍しい「実演」を見たさに何度か通った。ここでいう実演とは何か。この定義は意外に難しい。歌舞伎や新劇、新派、新国劇等々そのものの「上演」を「実演」とはいわない。「連鎖劇」時代の映画でない部分や、一時歌手が映画の間に歌ったりした「アトラクション」も「実演」というから、その初出は明らかにしないが、矢野誠一によると（注：『女興行師吉本せい』中公文庫、一九九二年）、昭和十三年（一九三八年）映画興行の三時間制が実施され、上映本数制限による苦肉の策として「映画と実演」というシステムが登場したという。ただ、それ以前から「実演」と映画との組み合わせ興行はある。ともかく、映画の記憶と継続しない「演劇」を「実演」とはいわず、逆に「実演」だけの興行でも、観客は映画的記憶を喚起するものを、便宜的に、あるいは興行上の宣伝効果から「実演」と呼んだのかもしれない。

（神山彰「剣を奪われた時代劇　股旅、芸道、そして実演」、『占領下の映画——解放と検閲』所収、森話社、二〇〇九年）

ピンク映画の場合でも、映画と実演の併映もあれば、その実演演目をそのまま地方のストリップ小屋で上演して、かけもちすることもあるのだから、「映画と実演」のうちの

「実演」がなんなのか、なにをもってそう呼ぶのか、ますます境界線はあいまいなものとなる。

しかし東京では少なくも一九七三年頃には実演はあまり見られなくなったというのが通説である。だが、地方のピンク映画専門館やストリップ小屋へのドサ回りという形で実演は続けられ、逆に一九七三年頃を境に七〇年代後半までむしろ地方ならではのイベントとなる。

実演／ストリップの境界線

ピンク映画、そして日活ロマンポルノの大スターだった谷ナオミは名古屋のテアトル希望を第二の故郷のように大事にし、一九七九年に銀幕を引退するまで毎年のように来演した。

名古屋にあるストリップ劇場にピンク映画の俳優で作った劇団が来演して実演をするチラシも一九八〇年前後に見た記憶がある。

現在でも、ごく少数だがピンク映画の俳優たちは劇団を率いて、地方のストリップ小屋を回り、ドサ回りの実演を続けている。

山本晋也作品の常連であり、現在も自ら劇団を率いていてドサ回りをしている〝ポルノの帝王〟こと久保新二は、一九七八年、次のように書いている。

関東・関西のストリップ劇場では、今や実演ブーム！　先日も大阪で俺の率いる〝宝石座〟の公演を打ったところ、なんと８つもの劇団と出っくわした。その各劇団が全部、〝にっかつポルノスター来演！〟だもんな。（「ＺＯＯＭ－ＵＰ」一九七八年八月号）

次は〝犯し屋〟の異名を取り、七〇年代後半にはご多分に漏れず、自ら劇団を組織して、ドサ回りをしていた男優・港雄一のやはり一九七八年の証言。

劇場？　ストリップ劇場がほとんどだネ。だからファンの中にも入場しにくい人がいるみたいだ。劇場の前をウロついているからすぐ解る。芝居は一日三回やる。土曜日はオールナイトだから五回ぐらいかナ。スゴク重労働だよ。だから一つの小屋（劇場）で十日が限度だナ。（……）東京で芝居をやらないのかって……ウ〜ン、東京のお客サンは、どうも反響がないんだナァ。冷静なんだ。それと比べると地方のお客サンは素直に感動を表現してくれるから恐ろしいネ。

（「ZOOM-UP」一九七八年五月号）

私がストリップによく行った時期というのは高校生時代、つまり一九七〇年代半ばから後半にかけてだが、前出の円頓寺劇場の映写技師の兄ィに招待券をもらって行った中村大劇を始め、名古屋銀映（のちライブシアター銀映）、鶴舞劇場、カイケイ座などがある。

七〇年代の名古屋にはそのほかに名港文化、大曽根ミュージックなどのストリップ劇場があり、これらは名前からも分かるように、ほとんどが創立当時は一般の映画館で、それから映画がダメになると成人映画館に転身し、さらにストリップ劇場になったコヤである（カイケイ座は寄席や浪曲などの演芸場だった）。

一時は金髪外人ショウで盛り上がっていたようだが、入管法改正以降閉館になったコヤも多い。

上京した頃、東京のストリップはどないなってるんやろとあっちこっちに見に行ったが、一九八〇年代半ば、すでに踊り子はAVギャルに占拠されていた。DX歌舞伎町のお正月興行なんて素人祭りだもんね（ステージに乱舞する素人ギャル五十人って、あんた！）。

もちろんピンク映画人の実演なんかあるはずもなかった。保守的で大衆的な浅草ロック座を除き、そこそこ過激でありながら、なんとか昔をしのばれる劇場は渋谷百軒店にある道頓堀劇場ぐらいか。失業したばかりの頃に仙葉由季を見にここに行って癒されたんだよねえ（遠い目）。

でもまあ、私しゃ永井荷風じゃないから、カネもないし、すぐに飽きてしまった。結局、映画の幕間でやる売れない漫才師のコントも見たことがないという不幸。

ほかの例では、大阪に拠点を置き、一九八三年からゲイ・ピンク映画を製作しはじめたＥＮＫプロモーションは、大阪でゲイ専門の映画館を経営し、年に数度は映画の合間に男性ストリップショーを行っている。東京近郊では横浜にあるゲイ専門の成人映画館である光音座でも同様に、今も五月の大型連休中とか定期的に男性ストリップショーをやっている。ここにも行ったことがあるが、まあ大したことはない。

しかし、果してこういうのも「映画と実演」と言っていいものなのだろうか。たぶん、違うんだろうな。

ともあれ、その時代、映画も実演と同じように一回こっきりの「出会い」であり「体験」であったことは確かである。

ビデオやＤＶＤは確かに便利だし、おっさんになった現在、億劫《おっくう》さもあり、ＤＶＤで済ますことも多いし、それでしか見られないものを手軽に引き寄せることもできる。

その一方でどこかで失われたものは大きいという自覚はしているつもりだ。

エロについてもロマンポルノを駆逐したアダルトビデオは性描写を過激にしたが、その一方で性のインスタント化にも拍車をかけた気がする。

なんだかみんなが自分サイズの穴に閉じこもっているヤドカリみたいで、本来悪所に出かけなければ見ることができなかった映画の祝祭性や秘匿性、不良性はそぎ落とされ、またそうした映画詣《もう》でに付随する悪所での出会いやハプニング、いってみれば人生修業の場も奪われてしまった。

いいとか悪いとかを言うのではない。ただそうした時代ではもうないということだけだ。

ピンク映画と実演とは、そうした時代の映画のあり方をシンボライズする「体験」としての映画の原点だったような気がしている。

第三章　日劇ミュージックホールと映画人

日劇ミュージックホールの誕生

前章の「ピンク映画と実演」でストリップに言及したので、せっかくだから本章では日劇ミュージックホール（以下「日劇ＭＨ」と略す）と映画人の関わりについて書いてみよう。といっても、日劇ＭＨは正確にはストリップではなく、トップレス・レヴューと言ったほうが正しい。

ウィキペディアによると、

> 日劇ミュージックホール（にちげきミュージックホール）とは、東京都千代田区有楽町の日本劇場の５階にあったミュージックホールのことである。
>
> 昭和27年（１９５２年）、５階の小劇場に開場し、その後、有楽町再開発に伴い有楽町センタービル（有楽町マリオン）が同地に出来ると興行場所を移動して昭和59年（１９８４年）、東京宝塚劇場において閉場した。コント55号やツービートを産んだ浅草フランス座と並び昭和の娯楽の黄金時代を支えた。上演されるレヴューは主にトップレスの女性ダンサーによるものであったが、いわゆるストリップとは一線を画す。
>
> 劇作家の丸尾長顕が日劇において設立。東宝の小林一三から「女性が見ても上品なエロチズムの探求」という承諾を受けてスタートする。以降、数多くの優秀なダンサーたちやコメディアンをそれぞれ輩出した。
>
> （二〇一八年五月一日閲覧）

と書かれており、日劇ＭＨに言及しているブログの類いも、おそらくこの文章をコピペしたんだろう、ほとんど同じ内容で書かれている。

「ウィキペディア使うバカ、書き込むバカ、利用しないのはもっとバカ」と誰が言ったか知らないが（今、俺が言ったのだが）、この日劇ＭＨに限ってはこの記事は誤解を招きかねない書き方なので、補足・訂正しておく。

戦後、いわゆる額縁ショーという静止したヌードショーが登場し、話題を呼んだのは一九四七年二月の帝都座第二回公演においてである。

プロデュースしたのは小林一三門下の秦豊吉。レマルクの『西部戦線異常なし』の翻訳者であり、〝丸木砂土〟の筆名で本も著している。「日本のミュージカルの父」ともいわれ、日劇ダンシングチーム（NDT）を作ったのも彼である。

実は帝都座の第一回公演『ヴィナスの誕生』にも額縁ショーはあったのだが、ダンサーの中村笑子が秦豊吉の説得をがんとしてはねつけ、ブラジャーを取らなかったのでエロ度が足らず不評だったのである。

この反省から、第二回公演『ル・パンテオン』では甲斐美春が胸を露出し、これが連日大入り満員になった。戦争が終わった自由な空気を満喫する人々は、衣食住に不自由しながらもエロを求めて劇場に殺到したのだ。

日劇MHの前身である日劇小劇場が開場したのは一九四六年。現在マリオンの建っているあたりにあった日劇の五階にあった小ホールである。

帝都座の額縁ショーの成功を受けて、巷《ちまた》ではハダカが氾濫し、ヌードショー、ベリーダンス、ストリップはいうに及ばず、チラリズムやエロを題材にした芝居も続々と登場し、大当たりをとっていた。

空気座『肉体の門』（原作＝田村泰次郎、演出＝小崎政房）、薔薇座『堕胎医』（作＝菊田一夫、演出＝佐々木孝丸）など、のちに映画化されたものも多い。前者は小崎政房とマキノ正博の共同監督、後者は黒澤明が『静かなる決闘』として映画化した。

そんな時代であったから、日劇小劇場、浅草常盤座、大都劇場、ロック座、新宿セントラル、浅草フランス座、そして裸には抵抗を示し「ハダカ排撃声明」を出していた新宿ムーラン・ルージュまでが陥落し、世間はあれよあれよという間にハダカ一色に染まる。

戦時中は東宝舞踏隊（『孫悟空』、『ハナ子さん』のクレジット参照）と改称を余儀なくされていた日劇ダンシングチーム（ＮＤＴ）が元の名称に戻すのがそんな時代の一九四八年五月のことである。

日劇小劇場のほうは直接的にストリップ全盛の余波を受けて、人気ストリッパーを次々と引っこ抜いて第一次黄金時代を築く。

だが、当局の介入も招き、勧告や呼び出しのイタチごっこを繰り返すようになった。

追放解除されたばかりの小林一三がこの現状に激怒し「丸の内からハダカを追放せよ」と号令をかける。一説には「俺は丸の内で女郎屋をやる気はない」と言ったとか。鶴の一声で日劇小劇場からも裸は追放されることになり、それに反対するダンサーたちのストライキ騒動があったものの、結局一九五二年日劇ＭＨとして再スタートを切ることになった。

ところが一九五二年三月十六日に初日を迎えた第一回公演『東京のイヴ』（作・演出＝岡田恵吾）は、エロを排除し、高級感で売ったため、記録的な不入りとなった。

結果的にエロ抜きでは惨敗。

小林一三も前言を翻さざるを得ず、丸尾長顕を呼び、「女性が見ても上品なエロチズムの探求」を指示し、四月二十五日初日の第二回公演『ラブ・ハーバー』（構成＝丸尾長顕、演出＝岡田恵吾）で早くもヌードを復活させた。

ただし、「ハダカ追放」を言った手前、ダンサーたちに「ストリップ廃業声明」をマスコミに出させて、ストリップとは違う新しいヌード芸術に参加するのだという声明を読ませるという茶番のおまけがついた。

それが今日までよく知られる日劇ＭＨの歴史の本格的な幕開けという次第。

ウィキペディアの記事とかなり印象が違うでしょ？　ポイントは二つ。

①日劇ＭＨは、日劇五階にあった日劇小劇場を前身とするミュージックホールという場所であると同時に、日劇のトップレスのダンシングチームそのものも指す。

②小林一三の「女性が見ても上品なエロチズムの探求」という言葉は、その前の「丸の内からハダカを追放せよ」という言葉とセットにしないと、誤解を招くということ。

この二つをまず押さえておきたい。

なお、戦後のストリップの歴史については、橋本与志夫の『ヌードさん——ストリップ黄金時代』（筑摩書房、一九九五年）に詳しい。本章を書く上で大いに参考にさせてもらった。

日劇MHの著名人枠のプログラム

さて、小林一三からの命令で、丸尾長顕は宝塚歌劇団の脚本部出身であった経験を生かし、宝塚で繰り広げられているような歌や踊り、劇をそのままトップレスの女性たちに演じさせることにより、日劇MHをハイブロウなインテリ層に支持される劇団に育て上げることに成功する。

伊吹まり、メリー松原、ヒロセ元美が初期御三家。

やがて第一次黄金時代には、この御三家にアクロバティックなポージング（「ヌード・アックル」というらしい）で有名なR・テンプルや、谷崎潤一郎が贔屓にした春川ますみ、専属だった時期は短いが棟方志功をして「神が宿った肉体」といわしめた伝説のジプシー・ローズの日劇MH参加（ただし日劇MH参加時には、当局の通達により腰をぐるぐる回す「グラインド」と前後に激しく振る「ヴァンプ」は禁止されたので、魅力が半減したと言われる）など、スターが次々と誕生した。

あとは深沢七郎が桃原青二という名前で出演していたとか、三島由紀夫や村松梢風が台本を手がけたこともあることが有名で、たとえば一九五五年三・四月の第二十三回公演『恋には七つの鍵がある』【図1】では、構成・演出の丸尾長顕の下で、脚本家名として三島由紀夫、村松梢風、東郷青児、小牧正英、北条誠、トニー谷、三村亮太郎の計七名の名前がある。ヌードは伊吹まり、R・テンプル、奈良あけみ、そしてジプシー・ローズが担当した。ほかには踊りや芝居の間に行われるコントからも多数の有名コメディアンが誕生したとか、そういうのも、今は失われた貴重な大衆文化のヒトコマである。

【図1】『恋には七つの鍵がある』パンフレット。

　私の記憶では、「平凡パンチ」や「週刊プレイボーイ」を本屋で店主の目を盗んでドキドキしながらも立ち読みするようになった頃は（ときどき店主に注意されたが）、青年向け雑誌（「ポケットパンチOh！」とか「エロチカ」とか「ピンキー」とか、もうちょっとあとなら「デラックス平凡パンチ」とか）にはピンク映画と並んで日劇ＭＨのスターのヌードグラビアは載っていたし、記憶では、今の中高年なら誰でも知っている深夜番組「11ＰＭ」のカバーガールを日劇ＭＨの舞悦子がやっていた期間もあったし、アシスタントの真理アンヌが紹介して（したがって確か火曜か木曜イレブンであるはずだが）殿岡ハツエのセクシーなダンスを初めて見たのも「11ＰＭ」だった。

テレビを見ながら、「この人が神代辰巳の奥さんであったのか」と思った記憶があるから、たぶん一九七三年とか七四年とかのことであると思う。

しかし、必ず見ていたイレブン恒例の年忘れ東西ストリップ合戦やロマンポルノ女優ネグリジェ紅白歌合戦に比べて、日劇ＭＨのスターたちの上品なトップレスのダンスや雑誌でのバタフライ（通ぶってこれを「Ｇストリングス」と呼んだものである）をつけたポージングに「これではヌケない……」と嘆きつつも、当時の日劇ＭＨの第三期黄金時代を飾るトップスターであった、松永てるほ、舞悦子、岬マコ、朱雀さぎり、ジャンボ久世などダンサーたちの名前と肢体は、罪深い中学から高校時代を過ごした少年の脳裏と股間に深く刻み込まれたものであった。

ちなみに、日劇ＭＨ第一期黄金時代のスター、ヒロセ元美の踊る姿は、新東宝映画『青いる作品である。

春デカメロン』(50、加戸野五郎監督)で見たことがある。新人時代の香川京子が出演して

「ダルマちゃん」と呼ばれた春川ますみが映画女優に転身して大成功したのはあまりにも有名なので深く触れないけれども、初期のダンサーの映画出演では、身長百七十センチという当時ではバカでかい藤原翠は、ジョン・ヒューストンの『黒船』(58)で安藤永子の名でジョン・ウェインと共演を果たした。

伝説のダンサー、ジプシー・ローズは鈴木英夫が新東宝系列の電通ＤＦプロで手がけた『殺人容疑者』(52)でチラッと踊りを練習する姿が映っているほか、日活映画『激しい河』(62、牛原陽一監督)でも踊る姿を披露している。彼女はアル中がひどくなって、一九六五年に引退するから、六二年の『激しい河』はもしかして現役時代のジプシー・ローズが見られる最後の映像ということできわめて貴重な記録だろう(しかもカラー!)。

さらに、第二期黄金時代を代表するスター、小浜奈々子は『紅閨夢』(64、武智鉄二監督)に出ていたし、もう一人のスター、アンジェラ浅丘は日活映画『野郎には国境はない』(65、中平康監督)で、小林旭とラブシーンを演じていたっけ。

その下の世代である松永てるほは日活ロマンポルノに数本出演している。映画ちゅうもんは時代を越えて見られるので便利なものだなあ。

一九七〇年代は、日劇ＭＨが積極的に各界の著名文化人にヌードショーの作・演出を依頼し、そのことでもかなり話題になった時代である。

ざっと名を挙げれば、勅使河原宏、高林陽一、新藤兼人、武智鉄二、山口清一郎、寺山修司、石原慎太郎、観世栄夫、福田善之、里吉しげみ、戸川昌子、野末陳平、佐藤信、小沢昭一、蜷川幸雄……。めまいのするような豪華な名前がずらりと並ぶ。

これに対して女優陣も、ピンク映画や日活ロマンポルノなどから人気スターが次々とゲスト出演する。

桂奈美、内田高子、荒砂ゆき、応蘭芳、花柳幻舟、八並映子、ひろみ麻耶、三井マリア、衣麻遼子、飛鳥裕子、高村ルナ、二條朱実、松田暎子（英子）……、アイドル並みの人気を誇った原悦子も一九七九年に黒鉄ヒロシ原作の『ぽこちん共和国』と『静御前』に出演し、大入り新記録を打ち立てている（第百六十六回公演「'79愛とエロスのファンタジア」）。

これは一九七四年五・六月公演『裸舞裸舞ふあんたじい』で、日活のひろみ麻耶がデビュー作『実録ジプシー・ローズ』（74、西村昭五郎監督）でジプシー・ローズを演じていることに日劇ＭＨの新プロデューサーに就任したばかりの荒木尚志が目をつけて、「二代目ジプシー・ローズ　ひろみ麻耶ゲスト出演！」としたところ、大ヒットしたことから、積極的に知名度便乗路線をとることになったためである。

（……）本来、ミュージックホールは、時代を先取りしていた劇場。アングラが現在の最先端なら、こっちはもっと先の試みをしていこうと、商業演劇のギリギリをねらってるわけです。幸い評判もいいし、若い人も多くなったし。今までの羽を着かざったきれいなレビューじゃ、お客さんはもう満足しない。レビューにも思想がはいってきて、それを現代といかにマッチさせるか、ですね」

（企画担当の橋本荘輔の談話。「週刊朝日」一九七四年二月一日号）

こうしたゲスト演出家やスターの中でいくつか興味深い出し物を拾ってみよう。

『白い肌に赤い花が散った』（一九七三年十一・十二月公演）

（作・演出＝武智鉄二）

【図2】「長町女切腹」。

【図3】「ジャックと豆の木」。

【図4】「赤ずきん」。

※残酷時代劇。和服女性の切腹場面を描いた「長町女切腹」【図2】というマニアックな出し物が評判を呼んだ。「『武智老いたり』と観客の言葉」（前出「週刊朝日」）

『青い珊瑚礁と人魚たち』（一九七五年六・七月公演）

第二部第一景〜九景（作・演出＝寺山修司、音楽＝J・A・シーザー、装置＝宇野亜喜良、出演＝新高恵子、サルバドル・ダリ、若松武、舞悦子、殿岡ハツエ、ジャンボ久世、浅茅けいこ）

※「プロローグ」、「教室のピノキオ」、「赤ずきん」、「人形芝居『ピノキオの卒業試験』」、「アラジンの魔法のランプ」、「灰娘」、「ジャックと豆の木」、「長靴をはいた猫」、「青ひげ」の全九景から成る。

「童話のエロティズムを、日劇ミュージックホールという場を借りて表現」（公演パンフ）【図3、4】

『ニンフェットは蜜がお好き』（一九七五年九・十月公演）
　第一部第五景「菅野すが・夢のまた夢エロスの涙」（作・演出＝山口清一郎、出演＝田中真理）

※検察による日活ロマンポルノ猥褻罪摘発闘争中の山口清一郎が、彼のミューズで検察のアイドルこと田中真理を迎えて、あの菅野すがをやるとは！「『これから女優としてどう生きていくか、その目安みたいなものを、MHの舞台でつかんでみたいと思います。（……）菅野すがは、明治時代、荒畑寒村、幸徳秋水などと男性遍歴をかさね、テロ計画を立てたという理由で絞首刑になった女。常人よりも肉欲が強くて、心も肉も、人なみ以上に燃えたたぎる性格を持っていて、世の中に怒りをぶつけたんでしょ。だから逆にいえば、とても優しい人だと思うの。現在の日本をほんとうに考えているのはだれかと思うとき、菅野すがを思い浮かべないではいられないわ』。彼女、依然として難しいお話がお好きなようだが、愛する彼氏のためならエンヤコーラと答えてくれたほうが、よっぽどわかりやすい」（「平凡パンチ」一九七五年八月十一日号）

『春の夜のおんな絵巻』（一九七六年三・四月公演）

第一部第八景「大和路哀歌」（作・演出＝団鬼六、出演＝谷ナオミ）

「谷ナオミをもっと無残に冷酷に責めてみたいという一部のマニア層にとっては不満かも知れないが、先にもいったように私はフェミニストであるから、谷ナオミのような美女を残酷にいたぶり抜くという事はどうも性に合わない。新内の哀切的な節廻しと共に縄を打たれて雪の庭に引き立てられていく哀れな女郎の後姿――そのような情景にふと心をうずかせるのが私のサディズムといえるようだ」（団鬼六「私のサディズム」、公演パンフより）

『知らなかったの！　ピンクレディの甘い罠』（一九七八年十一・十二月公演）

第二部第五景「海」（作・演出＝勅使河原宏、出演＝小川亜佐美）

※白い砂浜の海岸を背景にシュールな場面が次々と展開し、観客が啞然としたらしい。勅使河原がテレビ版「新・座頭市」のトンデモ最終話「夢の旅」を監督するのは翌年である。「『ヌードはそれ自体が最高の芸術品。女体と海の流動性をからませて、ぼく独自の明るいエロチシズムを生かしてみた』という舞台は、白い布をふんだんに使って、海、波、岩を巧みにしかも鮮やかに描き、その中でたわむれるヌードが、と狙い通り、抜けるような明

るいエロチシズムでせまる」（「週刊明星」一九七八年十一月十九日号）

『愛を唄う乳房の舞』（一九七九年十一・十二月公演）

第一部第一景「雪が降る」（構成・演出＝佐藤信、出演＝山口美也子）

『碧い海ではビキニはお邪魔』（一九七九年七・八月公演）

第一部第五景「妖貴妃」（脚本・演出・美術＝辻村ジュサブロー、出演＝日向明子）

※中国の民話に題材をとった妖怪幻想譚【図5】。

【図5】「妖貴妃」。

『ハロー'80ビーナスの初春』（一九八〇年一・二月公演）

第一部第七景「真徳院の火」（作＝水上勉、演出＝宮永雄平、出演＝志麻いづみ）

【図6】「名美を探して」。

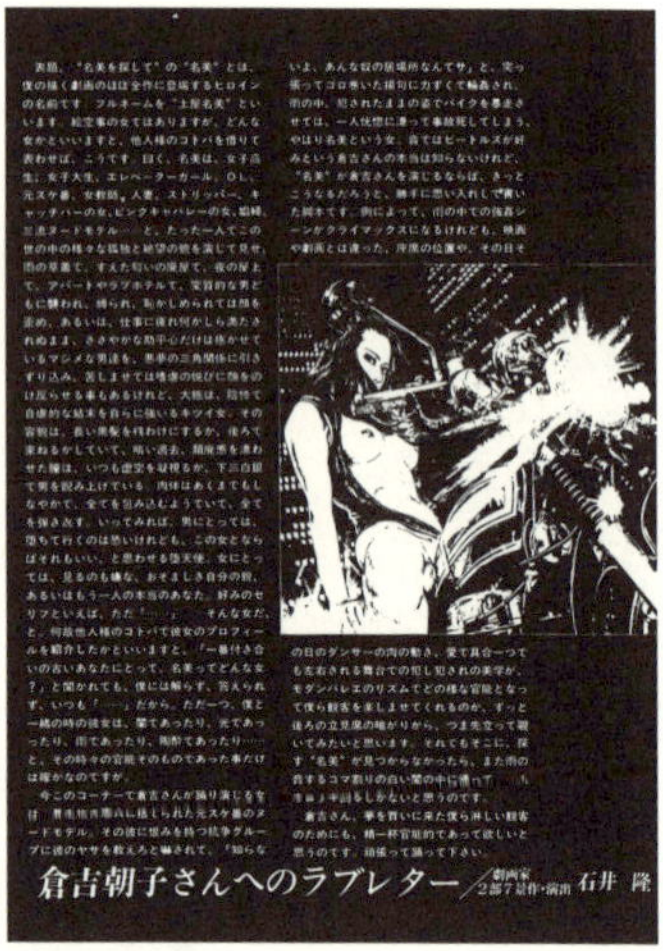

【図7】石井隆「倉吉朝子さんへのラブレター」、公演パンフより。

『セクシー・ギャルの青いためいき』
（一九八〇年四・五月公演）

第二部第七景「名美を探して」（作・演出＝石井隆、出演＝倉吉朝子）

※ちょうどこの頃、石井隆による同名写真集が出版されましたナ。「倉吉さんが演じる女は、暴走族の恋人に捨てられた元スケ番のヌードモデル。その彼に恨みを持つ抗争グループに彼のヤサを教えろと嚇《おど》かされて、『知らないよ、あんな奴の居場所なんてサ』と、突っ張ってゴロ巻いた揚句に力づくで輪姦され、雨の中、犯されたままの姿でバイクを暴走させては、一人恍惚に漂って事故死してしまう」（石井隆「倉吉朝子さんへのラブレター」、公演パンフ

より）【図6、7】

『エロスが誘うセクシーナイト』（一九八一年九・十月公演）

第一部第五景「マッチ売りの少女」（作＝野坂昭如、演出＝高橋伴明、出演＝日野繭子、マリア茉莉）

「この野坂昭如氏の『マッチ売りの少女』は数年前に接して以来、いつかそのうち、と映画化を密かに狙っていた作品で、どんな形であれこんなにも早くこの仕事に関われるとは思いもかけず、この突然の幸運にいま私は、痛みを伴って久々に熱くなっています。（……）一本五円の『御開帳』のはかないマッチの炎に二十四歳の短い生命を焼きつくした女の凄惨、哀切きわまりないこの物語は私にとって正に刃であり、ひとことのせりふもない舞台の上でどのように刃を抜くか、それが私の課題だと考えます。幸い主人公を演じる日野繭子君はキャラクターとしてドンピシャゆえこの女を十分表現してくれると安心しているのですが、何分、フィルム一筋にすがりついて生きてきた映画浮浪《こじき》のこの私奴《め》は舞台の経験が全く無し……」（高橋伴明「マッチ売りの少女」、公演パンフより）

【図8】「亜樹よ、木枯らしに飛べ」、公演パンフより。

『ビーナスのセクシー・メルヘン』（一九八一年十一・十二月公演）

第一部第五景「亜樹よ、木枯らしに飛べ」（作・演出＝篠原とおる、出演＝平瀬りえ）

※篠原とおるが「リイドコミック」に連載していた『刑事あんこう』の舞台化。

日活ロマンポルノ十周年記念の新人コンテストで優勝した平瀬りえが主演。空手二段の腕前を生かしたアクション・センスで起用されたらしい。「受話器を持って一瞬、わが耳を疑った。『刑事あんこう』を舞台にしてはと云う出版社からの電話だ。（……）刑事という体制内にいながら、むしろ反体制の行動をとり、それを男性側から云わせれば一番やり方のキタナイ女を餌にしての犯人狩りをやってみようという構想から生まれた。（……）この、あんこう（安藤公介）の疑似餌になる女性が、舞台では主役になる『亜樹』という女

になるわけである」（篠原とおる「亜樹よ、木枯らしに飛べ」、公演パンフより）【図8】

『マリン・ブルーのときめき』（一九八二年七・八月公演）

第一部第七景「風雪無惨」（演出＝玉井敬友、出演＝丘なおみ）

※伊藤晴雨を材にとったもの。シアター・スキャンダルを主宰し、当時スキャンダラスなSM仕立てのアングラ芝居で話題になっていた玉井敬友（荒戸源次郎に似てるんだなあ、顔もうさんくさいところも）が演出。「11PM」で抜粋映像を見た記憶があるゾ。

キリがないので、このへんにする。ストリップは未成年のときから見ていたくせに、日劇MHのヌードは上品すぎるとバカにして、全然見ていなかったのが今さらながら悔やまれる。

しかし、レヴューというと、宝塚や劇団四季を除けば、まともに演劇の範疇に入れてもらえないらしく、まとまった資料がほとんどないんですね。同時代の批評もまったくといっていいほどない。ましてやトップレス・レヴューであった日劇MHの文献など皆無に等しく、公演パンフレットを入手するのも一苦労という有様。

早稲田の演劇博物館や松竹の大谷図書館にあるはずもなく、古本屋でたまに見つければ五千円から一万円はするという代物である。文科省もしょうもない新作映画の製作にムダ金を使って援助するぐらいなら、旧作映画のニュープリント、映画・演劇資料の保存とデータベース化、アーカイヴにもっと力を入れてほしい。

幻のラベンダー・フィルムをめぐって

さて、これだけでは収まらないだろう。なんでもかんでも著名人であるなら、それだけで声をかけて演出なり出演なりさせるなんて、八〇年代以降の日本映画の堕落ぶりと変わらないじゃないか、ということでしょう。それで日劇MHが盛り上がったのはめでたいことではあるけれども。

そこで、それこそ前章で取り上げた「映画と実演」ではないが、日劇でもコンサートと歌謡ショーと映画との組み合わせなんていうプログラムも珍しくなかったはずであるから、もうちょっと調べようと思ったのである。

事実、二部構成でコンサートと映画というスタイルはよくあった。二〇一一年に取り壊しになった新宿コマでもお芝居と歌謡ショーの二部構成って当たり前にあったわけで、なにもピンク映画の実演だけが突出しているわけじゃない。

戦後のストリップ黎明期にだって、ストリップとお産映画（教育映画、いわゆるバスコン映画を含む）の二本立て興行なんてやっているのだ。エロはしぶとく、なおかつ貪欲なのである。

で、日劇MHでもそういうのってあったんじゃないかなあと考えていたら、興味深い記事を見つけてしまった。

一九六八年十二月末の日劇MHの新春公演「ハプニングTOKYO'69」（構成演出＝岡聡）で、ショーの合間に「ラベンダー・フィルム」なる映画が上映され、話題になったことがあったというのである。

「ラベンダー・フィルム」とは、「ゲイ映画」のことではない。ホンバン行為そのものが映っている非合法な地下フィルムを「ブルー・フィルム」と呼び、独立プロが製作する成人映画を「ピンク映画」と呼ぶのに対して、この芝居の合間に上映されるフィルムは、映倫の審査を受けていないので、「ピンク」よりは「ブルー」に近いから、二つの色を混ぜて「ラベンダー・フィルム」と名づけたのだという【図9、10】。

題名を『愛《ラムール》』といって、二部構成で十六ミリサイレント（インタータイトル入り）、モノクロで約五分という短さだが、ショーと連動する形で、踊り子である舞悦子と相手役のマロ恵一がそのまま、第一部の「昭和初期の男子高校生と女学生」、第二部の「昭和の男子

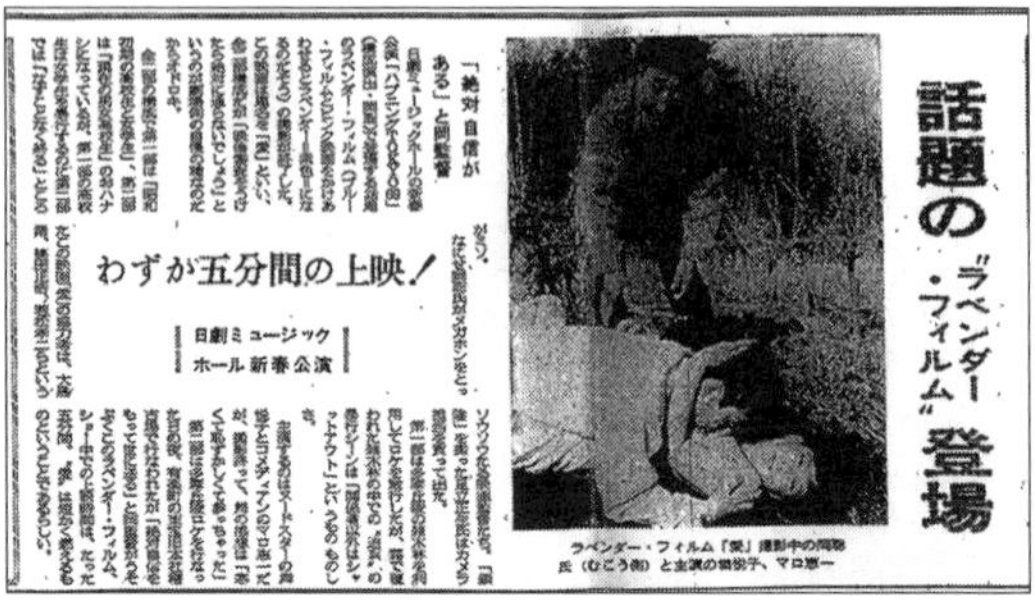
話題の“ラベンダー・フィルム”登場

わずか五分間の上映！

日劇ミュージック
ホール新春公演

「絶対自信がある」と岡監督

ラベンダー・フィルム「愛」撮影中の岡聡氏（むこう側）と主演の朝吹ゆり子、マロ恵一

【図9】「内外タイムス」1968年12月25日付。

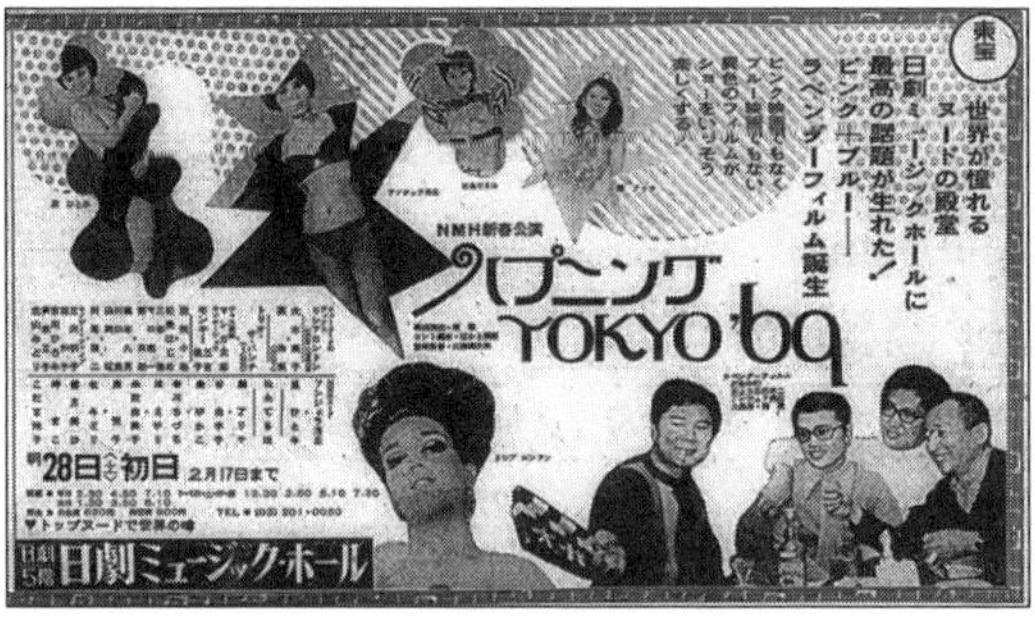

【図10】ラベンダー・フィルムの広告。

高校生と女学生」を演じているから、一種の連鎖劇といっていいだろう。第一部では男子学生は女子学生を強姦するのに、第二部の現代篇では女性の手ごわい抵抗に負けて未遂で終わってしまうところは、女性の力が強くなり、男性が弱くなった女性上位である現代社会への風刺にもなっている。演出は日劇ミュージックホールの演出部に所属し、このショーの構成全体を担当する岡聡。驚くのは、この映像作品に協力したメンバーの名前である。監修協力者は大島渚、若松孝二、篠田正浩等、そして脚本と撮影は足立正生が担当した。

以下、関係者の談話（すべて「日刊スポーツ」一九六八年十二月二十一日付）。

「ブルー・フィルムによって映画批評を批評する姿勢でシナリオを書いた」（足立正生）

「スキャンダラスとナンセンスでショーの効果を上げるつもり。ショーの構成上有効なら今後も作る」（岡聡）

「映倫は、映画を審査する機関なんですね。映画というのは、映画館という場でトップ・タイトルで始まり、エンド・マークで終わるものだと解釈しているわけです。だから、舞台が中心で、その効果作用としてフィルムを使う場合は映画ではないと割り切っている。したがって、その方の規制なり取り締まりは警視庁で行なうことになるでしょう」（映倫・野末事務局代理）

「芝居であろうとスクリーン・プロセスであろうと、やった結果がワイセツな場合は即座に取り締まる。当然のことです」（警視庁保安風紀係）

疑問があれば、カネはなくともとりあえず見る／調べる／取材するというのが基本だろう。文献での調査だけでは机上の空論になってしまう。

ということでさっそく足立正生に当時のことを詳しく聞いた（二〇〇九年九月二十九日、筆者による取材）。

四十年以上前のたった五分の余興映画のことを足立はよく覚えていた。

当時、大島渚と若松孝二等が根城にしていた新宿の飲み屋「カプリコン」は岡聡も常連客だった。

ある日、岡は飲んでいる席で若松孝二に日劇MHの番組で映像を使いたいから、とショーの合間に上映するエロティックな短篇作品の監督を依頼する。しかし若松は、監督は岡がやり、キャメラマンは足立正生がやったらどうかと提案し、その場で一緒に飲んでいた足立を推挙したのだという。足立ならこの店の常連客の中でいちばん若いし、日大新映研で十六ミリキャメラを扱ったことがあるから、大丈夫だろうというのが理由だった。

足立の回想によれば、完成尺たった五分なのに多摩丘陵の雑木林にまでロケした贅沢な撮影で、映倫審査の必要がないから大胆なセックス・シーンを撮ることができたという。

当時の映倫の規定では、下着を脱いで男女が重なっている下半身を映すことは禁じられていたが、このフィルムではタブーに挑戦し、その姿を撮影したそうだ。ただし真冬の霜が積もる早朝のロケには閉口したという。

足立はセーラー服姿の舞悦子を見て、「豊満すぎるなあ」と思ったと言うが、舞悦子は当時「11ＰＭ」でカバーガールもやっていたし、「ポケットパンチOh！」なんかのグラビアの印象からも、さほどグラマラスとは思えないので、「豊満ということはないと思うんですけどもね」と言うと、「いや、そう見えたんだよ」となおも主張する。そりゃ普段はラメだらけの衣裳をまとった踊り子がセーラー服の女学生を演じるわけだから、ケバいってことなんじゃないかあとも思って、とりあえずは得心した。まあ、当時は今より発育がよくないから、舞悦子クラスでも豊満と言われたのかもしれない。

ともあれ、舞悦子はこの舞台をきっかけにして知名度をあげ、トップスターへの階段をかけあがる。

なお、多摩丘陵で撮影されたのはドラマの第一部にあたるもので、第二部の撮影は、同じ日、ロケから帰って有楽町の東宝旧本社ビル稽古場で行われた。幕間や劇中にわずか五分間映画上映されるこの映画が功を奏したかどうかはわからないが、足立によればこの公演は大ヒットしたという。

実はこのほかに、前出の一九七三年十一・十二月公演『白い肌に赤い花が散った』（作・演出＝武智鉄二）のバックでもポルノまがいの映像を流したと書いた雑誌があったが、詳細はわからなかった。残念。

一九八一年三月、老朽化した日劇ビルの取り壊しのために、日劇MHは東京宝塚劇場の四階に移転。すでにAVの時代が到来していた。一九八四年三月二十四日、営業不振で日劇MHは閉場。三十二年の幕を閉じる。

手元にある日劇MHのリーフレット（おそらく一九八二年頃のもの）には、こうある。

洗練されたエロチズムと洒落《しやれ》たボードビルに、それに従来に増して鮮やかな光と音の芸術を加えましての豪華絢爛な舞台を繰り広げパリーのクレイジーホースと共に今や世界の名所となっております。どうかお気軽に、是非ともご来場下さいますよう、お待ち申し上げています。

第四章　野上正義《ガミさん》の遺言

久保新二の隣に座る

〝ピンク映画界の三國連太郎〟と呼ばれた名優・野上正義の思い出について書いておきたい【図1】。

野上正義が亡くなったのは二〇一〇年十二月二十二日だった。ピンク黎明期から四十七年にわたって活躍し、生涯に出演した映画は、一般作も含めて千本以上と言われるが、正確な数を知っている者はない。

その野上正義——野上さんをよく知る人たちが親しみをこめて〝ガミさん〟と呼んだこ

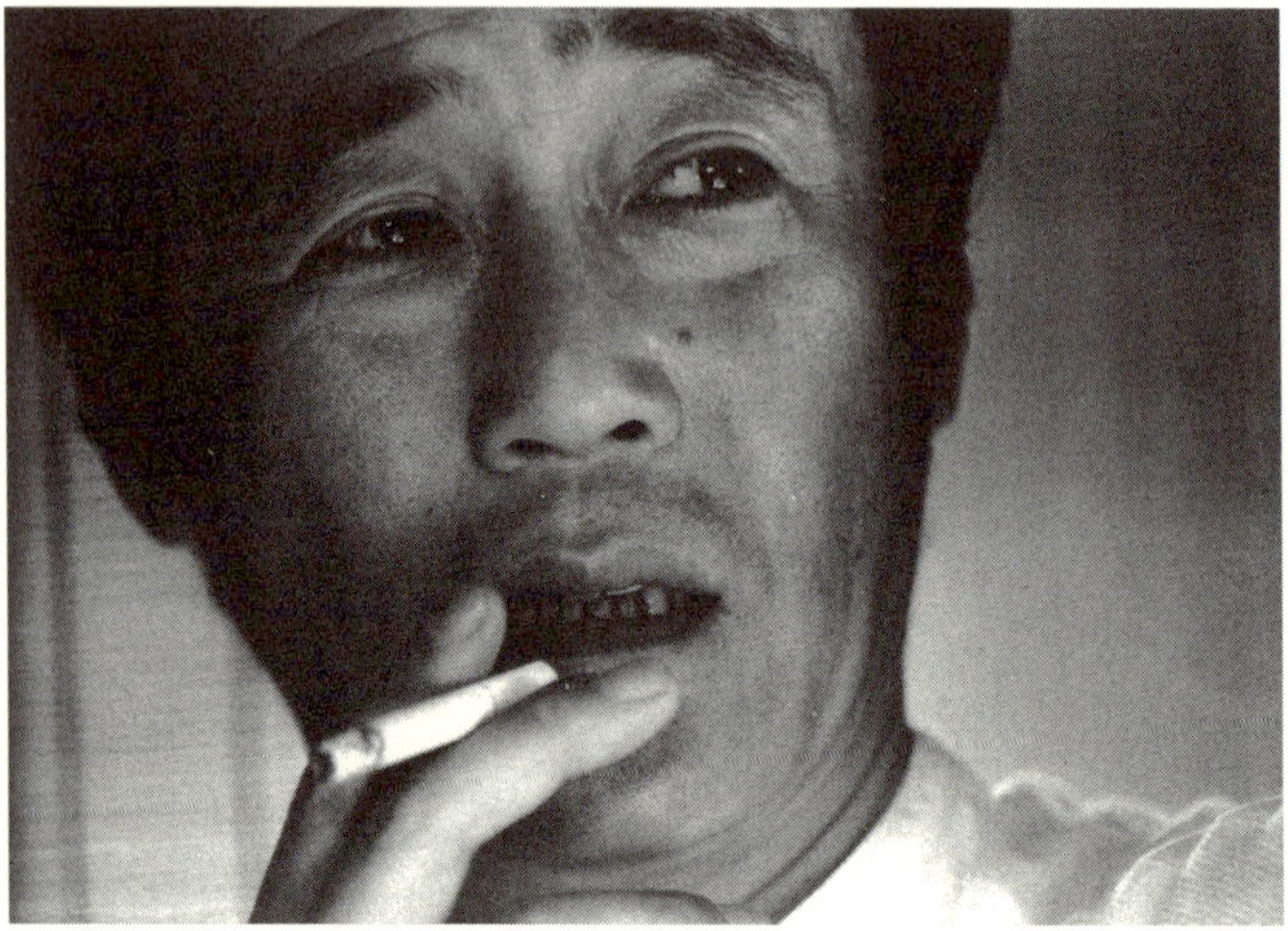
【図1】野上正義。

とに倣《なら》って、ここではガミさんと呼ばせてもらうが——ガミさんがピンク映画界のエリア・カザンについて自らの監督で映画化しようとしていたのである。

あれはまだ笹塚に佐助という韓国料理の呑み屋があった頃だから、二十年近くも前のことだったか。ピンク映画の老舗製作会社、国映の新作の初号試写が京王線・柴崎駅にある東映現像所(現在の東映ラボ・テック)で終わると、いつもこの佐助で打ち上げをするのが慣例になっていた。そこにちょくちょくお邪魔していたのである。

それであれは誰の新作の初号だった

のか。確かサトウトシキ監督の『愛欲温泉　美肌のぬめり』（99）だったような記憶があるが、初号試写が終わったあと、例によって柴崎から笹塚にめいめい移動し、佐助の二階の座敷に集って打ち上げの宴とあいなった。

珍しくその席にガミさんと久保新二の顔があった。最初、久保新二の隣に座った。我らの時代のヒーローである。今ではすっかり忘れられてしまったが、一九七七年に若手映画監督の登竜門であるぴあ主催の第一回ぴあ展（現在のＰＦＦ）が行われたとき、同時にぴあ主催でその頃、東映大泉撮影所で大学生たちに絶大な人気を誇った山本晋也の特集上映とトークイベントも行われ、ゲストで山本組の常連の久保新二も登壇して、ハチャメチャな話で会場を沸かせたものだった。

ピンク映画といえば、人目を忍んで劇場の入り口をすり抜けて、スクリーンに映し出される男女の性愛に鬱屈した心情をダブらせて見るもので、後ろめたさに彩られた湿っぽいものだった時代に、山本晋也はカラッとした笑いを持ち込んで、七〇年代中ごろ、大学生の間で人気沸騰した。そして一躍マスコミの注目を浴びるところとなった。文芸坐でも二週間以上にわたる特集上映が組まれ、そのときもゲストに久保新二が招かれて、サービス精神たっぷりな話っぷりで会場を大いに沸かせたはずだ。我々がたこ八郎という怪優の存在を知ったのもこの山本晋也のピンク映画を通してであった。

その日の久保ちんはいつものように強烈なムスクの匂いをぷんぷんさせて、指にごっつい指輪を嵌《は》めた手でビールの入ったコップを傾けながら、サービス精神たっぷりにハイテンションでエロ話をおもしろおかしくしゃべり倒していた。

「『マスマスのってます』って売れたんですか？」

と訊ねると、

「お前、よく知ってるなあ。売れたよ、あれは」

と上機嫌。落ち着きがないぐらいのサービス精神である。

山本晋也の代表作「未亡人」シリーズで久保ちんが演じる国士舘大学ならぬ国土舘《こくどかん》大学土木部道路標識学科センズリ専攻の万年留年生、尾崎クンは今日も今日とて下宿屋の女将《おかみ》ともうちょっとのところでイタすことができず、センズリばかりしている。その怪演ぶりに場末の汚い映画館も爆笑の渦に包まれた。誰がつけたかシコシコマン。その人気をあてこんで一九七八年にはレコードデビューする。そのデビュー・シングルが「マスマスのってます」だった。

ちょうどその頃は、久保チンの人気も全国区になり、スポーツ新聞や週刊誌に体験談を連載していた頃でもある。その中のひとつ、「週刊大衆」の「オレが寝たポルノ女優50人」という連載がきっかけで、「週刊大衆」、「アサヒ芸能」、「ZOOM－UP」に書いた実名体験談が問題になり、実際に名を挙げられた女優から告訴されたことも当時話題になった。

「あれはね、オレが実際に書いたものじゃなくて、記者にしゃべったもの。いい加減なもんだよ。オレも調子になってしゃべったのがマズかったんだけどな」

と言いつつ、反省している様子はない。さすが海千山千の業界のベテランである。

八〇年代初頭のころだったと思うが、池袋のピンサロで雇われ店長をやっていたことも、当時どこかの週刊誌で読んだ。未亡人下宿のコンセプトをそのまま再現した店で、久保新二がプロデュースということで話題になったと記憶する。九〇年代の終わりには新宿のメイド喫茶「みるふぃ」で雇われ店長をやっていたはずで、そのことに質問が及ぶと、

「お前、俺より俺のこと詳しいじゃないか」

と言って、席を立った。そして向こうのほうで手招きする。焼酎のお湯割り梅干し入りのコップを持って手招きされたほうに行くと、国映の伝説的プロデューサー〝おねえさん〟こと朝倉大介、本名佐藤啓子さんがいた。いつも怒られてばかりいるので、この日もなにか小言でも言われるんだろうかと正直ビビっていた。おねえさんはタバコをくゆらせながら、

「おまえね、『キネマ旬報』のバックナンバーがあるところ知ってるだろ」と訊いてきた。

「いつごろのものですか。戦前からのものが揃っていて、なおかつ読むだけなら半蔵門に

ある川喜多記念財団が開架式だから使いやすいんですけれども」

と答えると、

「そうかい。お前、ガミちゃん、知ってるだろ。聞きたいことがあるんだそうだよ」

と言って、手前の席で飲んでいたガミさんを招き寄せた。ガミさんは焼酎の入ったコップを手にして私の横に滑り込んだ。

ガミさんと飲む

ガミさんと最初に話したのはいつのことだったか。ピンク映画など低予算映画の録音スタジオとして使われる四谷のシネキャビンにおじゃましたとき、すでに録音を終えて、飲み会になっている席で話したのが最初だった気がする。そこには故人となった林由美香もいた。ガミさんはすでに気持ちよく酩酊していたが、私が、

「ガミさんはその昔、『恐怖のミイラ』ってテレビに出演されてましたよね?」

と質問すると、

「出たね。新聞記者役だったたか」

と気持ちよさそうに答えた。ガミさんは酒を飲むと饒舌である。

「恐怖のミイラ」はＮＴＶで一九六一年に放映された全十四回のテレビドラマのことである。リアルタイムで見ているはずはないので、たぶん再放送で見たのだろう。

古代エジプトの研究者・板野博士（佐々木孝丸）がこっそりと持ち帰ったミイラ・ラムセス（バブ・ストリックランド）が蘇生し、研究者を殺して町へ逃走する。ミイラは町をさまよい次々と人を殺して歩く。ミイラは人間になることができる秘薬を目の前にしながら人間になることを拒んで死んで溶けて灰になる。その哀れな姿に子供心にも不条理を感じた。日本ドラマ史上の初めての本格的ホラーであり、おどろおどろしい音楽にのって夜の町を徘徊するミイラ男を映し出すアヴァンタイトルの強烈さとともに、そのあまりの怖さに、夜、トイレに行けなくなったトラウマドラマの一本である。なお、映画ファンとしては、倒産した新東宝の俳優が大勢出演していることでも貴重。

もちろんそのドラマにガミさんが出演していることを知ったのはもっとあと、ビデオの時代になって「恐怖のミイラ」の短縮総集篇を見たときに気がついて、「あっ」と思ったのである。

「あの頃は宣弘社の仕事もずいぶんやったね。それから『事件記者』とか『特別機動捜査隊』とかも出たね。えくらん社がやった『海の野郎ども』にも出た。松本さんに呼ばれてね」

と焼酎の入ったコップを傾けながらガミさんがしゃべる。

「松本さんというのは、元松竹京都のプロデューサーの松本常保ですね。長谷川一夫顔斬り事件に連座した人で、いっとき清水宏のスポンサーだった……」

「そうそう。おい、ちょっとお前、何をコソコソ書いている！」

ガミさんは私が割り箸の袋に話をメモしているのを見咎《みとが》めて、突然険しい顔つきになってツッコミを入れる。

「お前ね、俺の話を聞きたいなら、鈴木義昭がまとめてくれた『ちんこんか』を読めよ」

「はい、それは持っています」

「それを読めば、全部書いてある」

「でも、『恐怖のミイラ』のことは書いてないので意外だったんです」

——などと会話を交わしたのが最初だったように思う。

笹塚の佐助での話に戻る。

久保ちんからおねえさんに、さらにおねえさんからガミさんにという形で、私の隣の席に座ったガミさん。

「その川喜多というところには『キネマ旬報』は全部あるのかね」

と訊く。

「開架式だから自分で棚から取り出して読むことができますけど。コピーは高いですよ。一枚百円とかですから」

「えっ！　そんなにとるのかよ。どっかもっと安いところないのか」

「それなら国会図書館とか早稲田の演博とか大谷図書館とかありますけど、閉架式だから読むために申請しなくちゃいけないので慣れないと面倒ではありますね」

「そりゃ面倒だなあ」

「何を調べるんですか」

「ほら、斎藤正治が連載していた『日活ポルノ裁判ルポ』ってのがあったろ。あれを読みたいんだ」

「それならのちに単行本になっているのを、僕が持っていますから貸しましょうか」

ということになった。

「そうか、それはありがたい。着払いでいいからそれを送ってくれないか。ほかにも日活ロマンポルノ裁判の資料があれば。頼んだよ」

とガミさんは言った。それを聞いて、待ちかねたようにおねえさんが、

「話はちゃんとついたかい」

と声をかけると、ガミさんは満足そうに頷き、さらにコップの焼酎をあおった。

佐助での打ち上げがお開きになったとき、店の外に出ると、久保ちんがそばに寄ってきて、

「ガミさんのこと頼んだよ、いろいろ本や資料を貸してやってくれ。知恵も貸してやってくれ。よろしくな」

と言って、ぽんぽんと肩を叩いた。私は本当にそんなことやるのかいな、やれるのかいな、と思った。

ガミさんから依頼されたこと

ガミさんは一九四〇年三月二日、北海道白糠郡白糠村に生まれた。進学校である道立釧路湖陵高校に進学するが、自分を育ててくれた親が実の親でないことを知り、グレ始める。高校を卒業後、上京して演劇活動に足を踏み込み、ＮＢＫ（日本文化協会）研究生になる。その頃の仲間にのちにピンク映画監督になる梅沢薫がいる。劇団「世代」結成に参加。青年プロに所属して、テレビ出演など多数。この頃、原田芳雄、石橋蓮司らと知り合い、テレビ「事件記者」、「特別機動捜査隊」、「鉄道公安三十六号」などに出演する。関西テレビ「海の野郎ども」（63）では準主役。『地下室のうめき』（63、増田健太郎監督）でピンク映画

に初出演。若松孝二監督『鉛の墓標』（64）で初主演。六〇年代は若松孝二作品を中心に、ピンク映画各社で活躍する。初期は二枚目を演じることが多かったが、七〇年代以後は、山本晋也監督の「女湯」、「痴漢」シリーズなどで常連としてコメディ演技も披露した。六邦映画『性宴風俗史』（72）で監督にも進出し、ピンク映画、ゲイ映画、ＡＶ（「ボッキー」は人気シリーズ）など多数の監督作品を手がける。巡回興行や各種イベントの司会、「北島三郎ショー」の舞台、「ウルトラマンダイナ」（98）など子供番組まで幅広く活動する。著書に『ちんこんか　ピンク映画はどこへ行く』（三一書房、一九八五年）がある。晩年は脳梗塞の後遺症、閉塞性動脈硬化症、パーキンソン病などと闘いながら、それでもピンク映画に出演。息子はＡＶ男優のトニー大木。

　後日、ガミさんに斎藤正治が「キネマ旬報」に連載していた「日活ロマンポルノ裁判ルポ」をまとめた単行本『日活ポルノ裁判』（風媒社、一九七五年）、『権力はワイセツを嫉妬する』（風媒社、一九七八年）、それに小川紳介、土本典昭、東陽一らが作成した検察への抗議声明の小冊子、映倫の社史や審査員だった人の回顧録などをまとめて送った。

　なぜガミさんはそれらの資料を使って、日活ロマンポルノ裁判を調べていたのか。再び佐助での打ち上げの日に戻る。

「どうするんですか、そんなことを調べて」

と訊ねた。

「あんたは俺が映画監督もやっていることを知ってるか?」

とガミさんが訊くので、

「ええ、まあ。『涅槃の人』はなかなか面白かったです」

とガミさんが監督したゲイ映画の名前を挙げると、ガミさんは嬉しそうに笑った。

「あれ、なかなかよかっただろ。それじゃ、梅沢薫の映画は見たことあるか?」

「ええ、大和屋（竺）さんが脚本を書いた『引き裂かれたブルーフィルム』（69）や『濡れ牡丹　五悪人暴行篇』（70）は傑作でした」

と答え、そのときガミさんが梅沢薫と古くからの知り合いだったことに気がついた。

「ああ、大和屋さんね、あの人は独特の味があった。そうかそうか」

とガミさんは頷くと、酔眼でこちらを睨みつけるような表情になって話しだした。


一九七一年、経営危機に陥った日活は、ロマンポルノ路線に舵を切る。そしてその年の十一月、『団地妻　昼下がりの情事』（西村昭五郎監督）、『色暦大奥秘話』（林功監督）によって日活ロマンポルノはスタートする。ところが、翌一九七二年一月、『恋の狩人・ラブハンター』（山口清一郎監督）、『ＯＬ日記・牝猫の匂い』（藤井克彦監督）、プリマ企画製作の『女高生芸者』（梅沢薫監督）の三作品が警視庁に摘発され、さらに四月、追い打ちをかけるように『愛のぬくもり』（近藤幸彦監督）も摘発される。そして警視庁は二百七十人に及ぶ関係者の事情聴取をしたのち、日活の堀雅彦社長や村上覚映画本部長など百三十七人を、刑法百七十五条の猥褻図画公然陳列と同配布容疑で、映倫の荒田正男、八名正、武井韶平の三審査委員を陳列・配布の幇助容疑で、東京地検に書類送検する。一九七八年の一審では日活関係者、映倫審査員ら九名に無罪、一九八〇年には高裁が一審判決を支持し、検察側の控訴を棄却して、被告人全員の無罪が決定した。これが世にいう日活ロマンポルノ事件とその後の裁判の簡単な概略である。

「ところがだ。摘発された映画の監督はだな、山口清一郎も藤井克彦も近藤幸彦も起訴されたのに、一人だけ起訴されなかった監督がいるんだな」

そこまでしゃべると、ガミさんはいったん話を切って、焼酎で唇を湿らせて、少し声を張り上げた。

「梅沢薫だ」

飲むといつもはしご酒をするほどしつこいと言われているガミさんだが、すでに呂律《ろれつ》の怪しい声で睨みつけるように言った。

「代わりにチューさんだけが引っ張られた」

〝チューさん〟というのはＡＶ界の巨匠・代々木忠のことである。ただし、その頃は本名の渡辺輝男を名乗っていた。『女高生芸者』はプリマ企画が製作したピンク映画を日活が買い上げた作品で、プロデューサーはプリマ企画の代表を務める渡辺輝男こと代々木忠である。

ガミさんは私が代々木さんの会社で働くスタッフと仲がよく、代々木忠率いるアテナ映像の事務所へよく遊びに行っていることも知っているので、それを前提に話しているらしい。

「その梅沢薫が検察側の証人として裁判所に出廷したときはみんなびっくりしたんだ。あれは絶対、ウラ取り引きがあったと俺は睨んでいるね。検察側の証人として出廷する代わりに、告訴をしないという約束ができていたんだ。ほら、エリア・カザンと一緒だろ」

ガミさんはそこまで話すとまた焼酎をあおった。

「どうするんです、それを調べて」

と訊ねると、ガミさんは、

「映画にする」

と言った。
そして後日、頼まれた資料を送ったというわけだ。

日活ポルノ裁判のエリア・カザン

梅沢薫が地裁に検察側の証人として出廷したのは一九七四年六月五日のことである。

日活関係の三作品は村上覚、黒沢満ら企業側とともに監督も起訴されているが、プリマ企画の製作になる『女高生芸者』については、プロデューサーの渡辺輝男ただ一人が起訴されただけで、監督の梅沢はなぜか不起訴処分になっている。『女高生芸者』だけが、監督〝不在〟のまま法廷にひきずり出されているのだ。／梅沢も摘発直後、検察庁へ出頭させられた時には、被疑者として供述書をとられた。しかし起訴はされなかった。検察官がどんなことを梅沢から聞き出し、その供述を根拠に、被告たちをいかに巧妙に有罪にしようとしているかが、供述調書をくりながらの梅沢への尋問で明らかにされた。尋問の手口は実に巧みである。だからこそ、捜査の段階でも検察官の前ではヘタなことは言えない。ゆめ〝ゲロ〟するようなことがあってはならない。

梅沢薫証人の尋問が終わったあと、傍聴席から、「あいつゲロしやがった」というつぶやきが起こった。私（注：斎藤正治）は検察官の尋問中にこう思った。「不起訴になったかわりにゲロしやがった」

（斎藤正治「日活ポルノ裁判ルポ」）

裁判の公判記録を読むと、梅沢薫は検察側の誘導尋問によって自らの作品についてだけでなく、山口清一郎の『恋の狩人』について「ワクを越えている場面があるとは言った」と証言し、他人の作品について同じ作り手の立場から言わなくてもいい供述をしていたことが明らかにされる。斎藤はこの点について梅沢を弾劾する。

被疑者として取り調べられた際、いろいろ供述してしまった。ゲロしたから、起訴猶予になったかどうかは知らないが、そのときの〝自供〟を巧妙に利用する検察の手口はきたない。それが裁判というものだろうが、梅沢薫も、他人の作品にまで口出しする必要はなかった。山口清一郎の『恋の狩人』をワイセツと供述するなど論外である。この一点で、梅沢は激しく責められていい。ピンク映画で頑張っているこの若い監督を人間的に惜しむ。

（前出「日活ポルノ裁判ルポ」）

検察側の証人として登場した梅沢薫の証言によって「ワクを越えている」と指摘された『恋の狩人』を監督した山口清一郎がどんな思いで、その証言を聞いたかは、梅沢薫も山口清一郎も亡くなった今は知る由《よし》もない。当時、斎藤正治のルポ「日活ポルノ裁判ルポ」の「キネ旬」連載を読んでいた若い読者たちは、「日活ポルノ裁判を考える烏合の会」と称するグループを結成し、公判を傍聴しに行った。

摘発されたあと、ピンク映画から足を洗って黎明期のアダルトビデオの世界に方向転換をし、映像メディアの可能性を切り拓いていった代々木忠を一方に、その後もピンク映画を撮り続けた梅沢薫をもう一方に置きながら、沈黙せざるを得なかった山口清一郎の痛恨は察してあまりある。

エリア・カザンについても補足しておこう。カザンはいうまでもなく、戦後のハリウッド映画を代表する名匠である。米ソ冷戦下の一九五二年、ハリウッドの共産主義者およびそのシンパを調査するアメリカ合衆国下院非米活動調査委員会（ＨＵＡＣ）は、カザンを召喚する。彼は自分がかつて共産党員であったことをあっさりと認めたのみならず、仲間の名前を密告した。これにより、彼はハリウッドで仕事を続けることが可能になり、『波止場』（54）、『エデンの東』（55）、『草原の輝き』（61）などの名作を残すことができたのである。だが裏切り者の烙印は彼の人生の汚点となった。

私が日活ロマンポルノやピンク映画を本格的に見始めたのは、高校に入ったばかりの頃で、未成年の不良行為として補導されることから逃れるために始終苦労して、映画館の暗闇でドキドキしながら映画を見ていた。

そんなドキドキも、『色情姉妹』（72、曽根中生監督）や『女地獄森は濡れた』（73、神代辰巳監督）が公開後すぐに打ち切られたとか、『女教師・私生活』（73、田中登監督）が公開延期になったとか、『さすらいの恋人・眩暈』（78、小沼勝監督）や『順子わななく』（78、武田一成監督）が再審査されたとかいったニュースを聞くたびに、「もう見られなくなるかもしれない」と焦り、慌てて名画座に駆けつけた。『女地獄森は濡れた』を除き、そうやって同時代の名画座ではなんとか見ることができたのである。今よりずっと映画に対して思いつめたような感情を抱いていたのだ。

だが、斎藤正治の連載は書かれている内容が高校生にも刺激的で、毎号欠かさず熱心に読んでいたが、まだ青洟を垂らした童貞坊やではあまりに非力である。キセル乗車や万引でつかまるのがせいぜいだった。

ことの次第、あるいは事故の顛末

ガミさんに資料を貸し出してから、半年が経ったが、ガミさんからはウンともスンとも言ってこない。「映画にする」と言ってもたぶんピンク映画でやろうというのだろう。それじゃ予算も限られているし、絡《から》みも入れて正味一時間枠。そんなんでこんな難しい内容をどう料理するというのだろう。第一、ノンフィクションでやろうとしてるんじゃないのだから。他人事ながら心配になった。

大島渚が健在であるなら、低予算であってもそれを逆手にとってそれこそ『絞死刑』(68)のような笑劇に仕上げることはできるかもしれないが、今のピンク映画の枠でやるには、題材が大きすぎやしないか。そんな心配もあった。

そこでガミさんに連絡をとって、笹塚のガミさんが住んでいたあたりの近くの喫茶店で会うことになった。ガミさんは頭をかきながら現れた。

「どうですか、その後」

と訊ねると、

「いや〜、行き詰まりですわ」

と言って、しょぼしょぼした目をこする。

「いや、梅沢薫のことは若い頃からよく知っているんだ。劇団が一緒だったからね。NBKっていう。ほら、あんた、『恐怖のミイラ』のことを聞いただろ。あれは宣弘社のテレビ映画だね。その頃、宣弘社の監督で、船床定男っていうのがいたんだ。『怪傑ハリマオ』(60)とか『隠密剣士』(62)とか知ってる？ ああ、見てたんだ。そうかそうか。あれを監督していたのが船床定男。伊藤大輔や加藤泰の弟子だって？ そうかも知れねえな、時代劇の助監督をしていたとか言ってたからね」

船床定男は、加藤泰、若杉光夫らの大映京都レッドパージ組がいっとき作っていた劇団「こうもり座」で演出助手をやっていた。その後、加藤泰にくっついていって、宝プロに入ってその助監督になる。それ以降は、新東宝で伊藤大輔に助監督としてつく。フリーで東宝の助監督をしたのち、宣弘社で多くのテレビ映画を監督する。映画作品は『隠密剣士』(64)、『続隠密剣士』(64)、『ワタリ』(67)の三本。

「さすが詳しいね。その船床さんが宣弘社でテレビ映画を作っているときに梅沢薫は最初役者として出演していたんだ。俺もそんとき出ていた。もしかしたら、あんたの言ってた『恐怖のミイラ』にも梅沢薫は役者で出てたかもしれん。梅沢薫は宣弘社で働いていたときだな、船床さんを通して若松孝二と知り合った。若松さんもその頃はテレビ映画の制作進行みたいなことをやっていたから。それでピンク映画をやることになった。若松さんの助監督だったんだ、ヤツは。デビューはおねえちゃんのところ。国映だった」

『十代の呻吟《うめき》』（65）のことだ。

「おねえちゃんの最初のプロデュース作品じゃなかったかな。そのあとは向井寛のところ、獅子プロだな。若松さんとはケンカしたんじゃなかったかな。検察側の証人で出廷したときはびっくりしたよ。みんなもそうだった。裏切り者だとか言ってね。でも、その後も東元薫って名前を変えて監督してたよな。出演している女を見る目つきがいやらしいんだ。娘がいるんだよ、一人娘でずいぶんかわいがっていた。その娘と大して変わらない年の女優をだな、こうじーっといやらしい目つきで眺めるんだ。でもなあ、なんで検察側の証人で出てきたのか。事前にそんなことは言ってなかったんだよ、一言も。そりゃ変だとは思ったさ。日活ロマンポルノは監督とプロデューサーがアゲられたのに、ピンク映画はチューさん（代々木忠）だけでしょ。監督がお咎めなしなんかありえない。なんかあったなと思ったよ、みんな。チューさん？　聞いてない。腹ワタ煮えくり返ったんじゃないの、そりゃね。でも話したがらないね。こっちも聞いてない」

それから一時間ほど話したが、録音機を持っていったわけではないので、あとは何を話したか今となっては忘れてしまった。喫茶店を出ていくガミさんはまだ六十歳だったが、背中を丸め、まるで老人のようだった。

しばらくしてアテナ映像にいる知人から連絡があって、ガミさんからお前に返してくれと頼まれた本を預かっているという。取りにいくと、ガミさんは「やっぱり難しいわ。手に負えん」という伝言をしていったという。

そして二〇一一年、代々木忠と彼が開拓したAVの歴史をつづったドキュメンタリー『YOYOCHU SEXと代々木忠の世界』（11、石岡正人監督）が公開されたが、その中で代々木忠は日活ポルノ裁判のときの苦衷を語りはしたが、自分を裏切ったともとれる梅沢薫についてはついては一言もしゃべることはなかった。

ガミさんは、二〇〇九年、日本でも公開された西田敏行主演のハリウッド映画『ラーメンガール』（08、ロバート・アラン・アッカーマン監督）にも出演し、闘病生活を送りながら、俳優業と同時に司会業も続け、久保新二の生前葬（二〇一〇年五月二十九日）にも二次会まで足をひきずりながら行ったと聞いた。

久保新二の半生を虚実ミックスして描いたピンク映画『その男、エロにつき アデュ～！ 久保新二伝』（10、池島ゆたか監督）にも顔を出していた。

ガミさんこと野上正義は、二〇一〇年十二月二十二日午前〇時十二分、心不全のため死去。享年七十。

最後まで酒が好きで、みんなとワイワイ騒ぐのが好きだった。ガミさんが梅沢薫のとった行為を素材にして、どんな構想で、どんな映画を撮ろうと思っていたか、最後まで聞く機会はなかった。今思うと、それだけが残念である。

第五章　三國連太郎『台風』顚末記

幻の監督デビュー作

ＷＯＷＯＷが放送するオリジナル・ドキュメンタリー「ノンフィクションＷ」という番組は、興味深い題材を取り上げて念入りに調査して作られており、なかなか見応えあるので、映画関連の話題が取り上げられるときは欠かさず見ることにしている。

三國連太郎に『岸のない河』という未完の監督・主演作があると知ったのは、この番組のおかげで、録画メモによれば「二〇〇九年十月十二日放映」となっている。

番組によれば、この作品は一九七二年から三國が私財を投じて自主映画として製作を始めたもので、この時期、既存のドラマ作りに疑問を持った三國が、設定だけを書いた簡単なメモだけで台本なしで、パキスタンとアフガニスタンを舞台にしてほとんどアドリブで撮影されたものだという。当時、三國は四十九歳。俳優として脂が乗った時期で、いわばまだ男盛りの年齢である。

物語は、三國自身が演じる中年に差しかかった医者が小児ガンで愛息を失い、妻にも裏切られ、今までの生活と決別して、自分探しの旅に出て中東をさまようというもの。ロケ地となったパキスタンは、印パ戦争の影響で撮影どころか一般外国人の入国さえ難しいのに、当時外務大臣だった福田赳夫を動かしてロケが可能になったのだという。チーフ助監督の白鳥信一を始め、中心になっていたのは日活のスタッフだったらしい。

政情不安なパキスタンで撮影中、カラチで暴動が発生し、銃弾が飛び交う中撮影を強行するも戒厳令が敷かれたため、アフガニスタンに移動してロケが続行された。灼熱の昼と激しい冷気が襲う夜という想像を絶する過酷な自然環境の下、撮影を強行するが、三十五ミリのフィルムを三万フィート（約五時間ぶん）回したところで行き詰まってしまい、ラストシーンに予定されていた主人公の死と鳥葬の場面を撮影することなく中絶になった。そして未完のまま、以後三十七年間現像所の倉庫に保管された状態になっていたという。

それをどういうわけか二〇〇八年になって八十六歳になった三國が、『岸のない河』を完成させようと思い立ち、その姿を追ったのがこのドキュメンタリーというわけである。だがご存じのとおり、三國連太郎は二〇一三年四月十四日に九十歳で亡くなっており、その数年前から体調を崩して入退院を繰り返していたため、『岸のない河』は完成を見ず、結局未完のままになった。

ところで、三國連太郎の監督作といえば、『親鸞 白い道』(87)という作品がある。日本では興業的にも批評的にもまったく無視された映画だが、カンヌ映画祭審査委員特別賞を受賞し、そのあまりの唐突な受賞の報せに当時のマスコミは戸惑いを隠せなかったことを思い出す。作品への評価はともかく、晩年宗教に深い関心を寄せる三國らしい誠実な作品であったように思う。

未完に終わった『岸のない河』を除けば、三國連太郎の監督作はこの『親鸞 白い道』だけであるというのが公式的な記録である。だがそうではない。実は三國連太郎の初監督作は『台風』という作品だった。しかしこれもまた自らプロダクションを立ち上げて製作・監督・出演をして撮影をしたものの、まともな形で公開されずに終わった、いわば幻の映画なのである。

一部の記録に、未完であるとかお蔵入り作品とかという記述もあるが、それは正確さを欠いている。そこでできるだけ当時の記事に沿って、この幻の作品について記述していこうというのが、本章の主旨である。

独立プロ設立

三國連太郎が自ら映画作りをするということをマスコミに発表した最初期の記事は、調べた限り一九六二年のことである。

いうまでもなく、三國は、スクリーン・デビューした松竹を振りだしに、東宝、日活、独立プロ、東映と活動の場を移し、五社協定の厳しかった時代に、映画業界やマスコミからのバッシングがすさまじい中、それでも潰されることなく、日本では珍しい肉食動物系の怪優として名声を高めていった。

一九五九年、三國は東映と他社出演を容認する専属契約を結ぶ。『大いなる旅路』(60、関川秀雄監督)、『七つの弾丸』(60、村山新治監督)、『宮本武蔵』(61、内田吐夢監督)、『飼育』(61、大島渚監督)、『天草四郎時貞』(62、大島渚監督)、『破戒』(62、市川崑監督)、『切腹』(62、小林正樹監督)など、東映の映画に出演しながら、松竹や大映、独立プロの作品にも出演した。

ちょうどその頃、『切腹』に出演中の三國は、近い将来に自ら独立プロを興し、プロデューサーとして、『地上』で知られる小説家・島田清次郎の伝記『天才と狂人の間』を映画化すると発表した。監督・主演は未定。まずはその記事から。

——プロデューサーをやってみる気になった動機は？

三國　僕ももう年ですからね（笑い）。若いころ俳優としてやりたくてやれなかったものがずいぶんある。その夢というか、願望をいまの若い人たちに託してぜひ実現したい。それに自分でプロデュースするのが一番可能性があると思ったからです。いまの日本映画の企画者や製作者はお年寄りが多い。その人たちは今後監督するだけで、若い人に任せた方がいいのではないか……。このことは、大川（東映社長）さんに了解してもらっています。

——プロデュース第1回作は？

三國　「天才と狂気（原文ママ）の間」です。一部の新聞、週刊誌に中村錦之助さんの時代劇を僕のプロデュース作として企画していると報道されてるようですが、これはデマで、いまは「天才と狂気の間」一本だけしか考えていません。早大を出たばかりの新人ライター三人にシナリオを書かせています。

——「天才と狂気の間」の製作態度は？

三國　天才と狂気の壁の中に生きる現代青年を否定しないで、従来のような狭量的な批判でなく、若い人たちの感覚を生かして暗示の形で描いていきたい。僕は企画、製作から宣伝まで一人でやりたいが、監督はやらない。カメラを宮島義勇さんにおねがいしている以外、スタッフ、出演者は未定だが、自分の意図通りの映画を作るためあくまで独立採算でいく。ただし、お金はないからいまから借金のおねがいに歩かねばならない。そして、完成した作品を東映に限らず買ってくれそうな所へ売り込みにいかねばならない。

――製作費の額は？

三國　九月にクランクイン開始の予定だが、脚本が未完成なので、現在のところ具体的なプランはぜんぜんたててない。（「日刊スポーツ」一九六二年五月三十日付）

だがこの計画はなかなか実現せず、三國が独立プロ「日本プロ」を設立したというニュースがマスコミを賑わせるのは、それから一年半後の一九六四年の初めのことである。豊島区目白台のアパート内に設置された事務所開きが行われたのは同年一月十二日。社長は三國と旧知の仲である沢野祐吉が務めることになった。その第一回作品が『台風』だった。ちなみに三國の俳優としての仕事では、この段階で『越後つついし親不知』（64、今井正監督）と『飢餓海峡』（65、内田吐夢監督）への出演が決まっていた。実際はこのあとその二作の間に、『狼と豚と人間』（64、深作欣二監督）、『怪談』（65、小林正樹監督）に出演することが決まり、さらに『台風』にゴタゴタした問題があって、この騒動が長引き、『飢餓海峡』に続いて三國が出演した『にっぽん泥棒物語』（65、山本薩夫監督）のクランクイン直前まで尾をひくことになる。

ということは、これらの名作は、三國が自ら興したプロダクションで製作し、結果的には自ら初製作・初監督する作品『台風』との掛け持ちで撮影されたことになるのだから、大いに驚かされる。

『台風』騒動の発端

『台風』は、一九五九年九月二十六日、二十七日に紀伊半島から東海地方を襲って甚大な被害を出した伊勢湾台風に題材を求めている。東映の大川社長自ら名づけ親となった名古屋出身の大川恵子は、この地元の未曽有の災害に心を痛めているというコメントを出したが、当時、東映と専属契約のある三國連太郎が、東映の配給を頼りにして、伊勢湾台風を題材にした『台風』の製作に乗り出すのもなにかの縁だろう。

一九六四年一月の段階では監督は未定だが、シナリオは黒澤明の幼馴染で黒澤の『素晴らしき日曜日』(47)や『酔いどれ天使』(48)などで知られる植草圭之助と新人春田耕三が担当すると決まり、一九六三年の年末から数度にわたって、名古屋を訪れ、被災地を見学したり、災害に遭った延べ三百人に取材したり、記録フィルムの試写をしたりして、シナリオ・ハンティングを行った。

シナリオは植草圭之助さんが書いています。一月いっぱいに準備稿ができあがります。撮影開始は四月ですが、すでに望月優子さん、西村晃さん、織田政雄さん、加藤嘉さん、ほかに劇団関係者の人など十人に出演契約もすませました。(……)この作品のテーマは、題名どおり〝台風〟なんですが、日本人の生活にとって、台風は切っても切れない深いつながりがあります。台風によって歴史もたびたび変わっているほどなんです。最近では伊勢湾台風を機会に愛知県の津島市は従来の農村から一変して工業都市に変貌してしまった。そんな台風下の人間、とくにギリギリの極限を描いてみたい。

(「日刊スポーツ」一九六四年一月十三日付)

と三國連太郎は語った。

それから二週間ばかり経ってからの「日刊スポーツ」には、一月二十一日に日本プロの沢野祐吉社長と名古屋を訪れ、シナハン中だった植草・春田と合流した三國自身の署名記事が掲載されている。

映画の詳しい内容は不明だが、なんとなく全体像はぼんやりと分かる。なにより記事からは三國の並々ならぬ意気込みが伝わってくる。

さっそく杉戸市長（伊勢湾台風当時、災害対策副本部長）に会い、「台風の無限の恐怖を、もう一度国民の胸に訴え、その恐怖を乗り越えて立ち上がった人間の強さをもうたいあげてください」との激励を受けた。ロケ地として被害の大きかった港区空見町の通称十一号干拓地と、汐止町の十二号干拓地の大きな敷地の一部を、市が無償で貸してくれるという。すぐに美術スタッフに見せて、二月下旬から大がかりなロケ・セットを作ろう。（……）オープン・セットは最後に海水をナダレ込ませて被災状況を再現させよう。台風のかわりにする二十キロゼネレーター（自家発電機）五台は自衛隊の小牧飛行場に手配済みだ。災害の記録フィルムも見た。とうてい特撮では出せない迫力。台風シーンのため、お借りすることにした。（……）人間の本性である愛が、あの生と死の境に立たされたとき、どう変貌するのか？　恋愛、肉親愛、人間愛など、被災地に拾ったエピソードを資料にしてドラマを組み立てよう。どこまで作品で描いて行けるかと、少々不安にもなったが、ファイトもわいてきた。

（「日刊スポーツ」一九六四年一月二十七日付）

名古屋市だけではなく日通も「運輸業と輸送の使命、これが台風との結びつきで共鳴」（「中日スポーツ」一九六四年二月十日付）し、全面的に映画製作に協力することになった。製作費の七千万円のうち七十パーセントは日通が宣伝費として融通することになった。

三國連太郎が監督に

当初、監督未定で進められていた『台風』の監督を三國自身が務めると発表されたのは、一九六四年三月十七日の記者会見による。

正直いってきのうまでは演出をやるか、どうか迷っていました。しかし配給ルートの問題で東映の大川社長と会って話しているうちにハッキリ自分でやると決心がつきました。こういうチャンスでないと自我を主張できる機会も少ないし、巨匠連も応援してくれることになっていますから、ひとりでやる決心がついたのです。

（「日刊スポーツ」一九六四年三月十八日付）

三國も日通のトラック運転手の役で出演することが決まった。しかしこの段階で脚本は第五稿を重ね、まだ決定稿には至らない。プロデューサーである三國がなかなか納得しないのだった。

それでも、三國連太郎は上機嫌だった。マスコミは三國の初プロデュースで初監督作品の『台風』を大々的に報じていたからである。ちょうどこのとき、丹波哲郎は「サムライ・プロ」、内田良平は「狼プロ」を立ち上げ、自らの企画した作品をプロデュース、または監督すると発表し、石原プロ、勝プロ、三船プロに続く俳優プロダクションが大いに注目をされていた。

丹波の「サムライ・プロ」では『三匹の侍』（64、五社英雄監督）に引き続き、『コレラの城』（64）を自らの監督（菊池靖監督と共同）で製作を開始し、内田の「狼プロ」では鈴鹿サーキットを舞台にしたオートレースを描く予定が、規模拡大でイギリスのマン島のオートレースに変更した『世界を駆ける男』が企画進行中だった（結局、製作されず）。そんな中、三國は早くも次回作『癌《がん》』を準備中だと発表する。

だが、『台風』の脚本の方は、いくら改稿しても三國がOKを出さないのに嫌気が差した植草圭一郎は降板し、アシスタントであった春田耕三がひとりで引き継ぐことになった。四月にはクランクインとしていた当初の予定から遅れたものの、五月になるとキャスティングもじょじょに明らかになる。

「ホラ吹き連ちゃんを〝男〟にしてやろう」と日ごろ三國と親しい俳優たちが一斉に立ち上がった。この作品にすでに出演決定している顔ぶれだけでも西村晃、殿山泰司、小沢昭一、望月優子、松村達雄、花沢徳衛、加藤嘉、織田政雄と日本の名だたるバイプレーヤーを一堂に集めた感じの俳優たちが〝協力をおしまない〟と誓っている。（……）出演者のひとり小沢昭一は「決して友情出演ではありません」とキッパリいう。「友情出演というのは〝出てくれないか〟〝うん、出よう〟という慣れ合いが多いんです。しかし、僕はむしろ自発的に出ようと決心したんですね。それは〝男、意気に感じた〟という気持ちと〝よい仕事をしたい〟という欲望の両方からです。あれだけの顔ぶれが出るんですから、画面では演技の火花を散らす真剣勝負ですよ。とても友情出演なんていう甘い気分ではありません」。この小沢の気持ちは、各出演者とも一致した意見だ。（……）三國自身は「みなさん、まるで自分のことのように心配してくれます。友情をこんなに身近に感じたことはありませんでした。そのせめてもの恩返しは、よい作品を作ることだけです」と感激している。

（「日刊スポーツ」一九六四年五月二十七日付）

七月になってようやく主役が山本学に決定する。そのほかに山本をめぐる二人の女性に、文化座の佐々木愛と金井克子が内定し、木暮実千代が出演することも内定する。

スタッフも、撮影・前田実（『箱根風雲録』、『真空地帯』）、録音・岡崎三千雄（『ひめゆりの塔』、『日の果て』）、美術・平川透徹（『真空地帯』、『にごりえ』）、照明・平田光治（『また逢う日まで』、『ひめゆりの塔』）らが決定する。

二転三転した挙句

六月に脚本がようやく完成した。その内容を三紙から紹介する。

『台風』の構想と、伊勢湾台風に襲われた中部地方、という舞台は企画当初から同じだが、物語は名古屋市内から水害で孤立した村の物語、とかなり変わっている。平和で静かな村、その村人たちはのんびりした、のどかな毎日を送っていたが昭和三十四年九月の伊勢湾台風に襲われ、村がメチャメチャになると同時に、村人たちも憎み合い、キズつけ合う。山林の所有権争いがクライマックス・シーンで村が二派に分かれて戦争さわぎに発展する。山本学と佐々木愛は親の許した婚約者だが戦争騒ぎで将来の幸福を犠牲にする。また、山本に言い寄る娘に金井克子が扮する予定だ。

（「中日スポーツ」一九六四年六月十五日付）

別の新聞では「物語は——木曽福島の山村を襲った台風のなかで、村人たちが自分たちの欲望をむきだしにうごく。伊勢湾台風のニュース映画もふんだんに入れ、山村の入会権、離村などの問題にもふれる」（「朝日新聞」一九六四年六月三十日付夕刊）となっており、また別の新聞では「日通の従業員十五万人、トラック協会所属の従業員を三百人対象に前売りを予定しており、三國の出演する愛の輸送便トラックの場面をさらにつけ加えねば（……）と『恐怖の報酬』的なドラマの挿入も考えている」（「内外タイムス」一九六四年七月八日付）と、三紙を読み比べると、いったいどういう話なのか、さっぱり分からない。

分かるのは、テーマもストーリーも舞台も当初の構想とはまるで違うものになっていることだけだ。

この時点で名古屋ロケもなくなって、長野県の木曽福島でロケーションされることに変更になっているし、このような変更はクランクイン後も、三國の思いつきと気まぐれで日常茶飯事化し、どんどん暴走していくことになる。

まあ、カツシンやタケシの場合もそうだけど、俳優が監督をすると、このような傾向があることは確かなようだ。

山本学の相手役として発表された佐々木愛と金井克子の名は、七月中旬になると、どこにもなくなっており、代わって新劇の新人、岩本多代（劇団・新人会）と志村たえ子（俳優座養成所）が抜擢された。


岩本は日活、松竹などの映画には数本出演した経歴はあるが、主役はもちろん今度がはじめて。台本を手にして「だいじょうぶかしら。こわいみたい」と胸をワクワクさせている。いわゆる日本型美人タイプで、テレビ、映画でも清純な娘役がほとんど。『台風』で山本学の恋人役を演じ村のおとなたちの欲ばりで現実的考え方に反抗する。一方の志村たえ子は、もと東映ニューフェイス、現在は俳優座養成所で芝居の勉強にはげんでいるが、東映に縁の深い三國連太郎に見出されたもの。「ふたりのヒロインは対照的であってほしいんです。清純派とドライ派と、そういう観点でふたりを選びました」と監督・三國連太郎は言っている。（……）撮影はオール・ロケ。はじめ伊勢湾台風の記録を忠実に再現するため、名古屋市内に大オープン・セットを組んで撮影の予定だったが、台本の大幅な変更からロケ地も変えた。現場は中央線木曽福島駅から車で一時間半入った山中の部落。テーマも、日本通運トラックの〝愛の輸送〟から台風によって引き起こされる人間同士の悲劇となった。

（「中日スポーツ」一九六四年七月十五日付）

ちなみに降板した植草圭之助のボツになった脚本は、秋の芸術祭参加テレビ・ドキュメンタリー番組『失われた時——伊勢湾台風』（東海テレビ制作）の底本として使われ、岡田晋・植草圭之助共作として一九六四年十月七日に放送された。

この作品のどこがいけないのか僕には分からない。（……）私としては自信をもっている。意地にかけても映画『台風』には負けたくない。

（「日刊スポーツ」一九六四年十月七日付）

まあ、そりゃそうだろなあ。

こうして誰が見てもすでに大波乱を予期させる映画『台風』は、一九六四年七月十九日に木曽福島のオープン・セットでクランクインした。

売れっ子俳優の監督業

三國連太郎は、自らのプロダクションによる自主製作映画『台風』を製作・監督するにあたって、他社出演も認めるという東映の専属契約を本数契約に変更する。

しかしすんなりと東映が契約変更を了承したわけではない。東映側は専属俳優である三國が勝手に独立プロを作ることを認めておらず、三國の日本プロ設立と『台風』の製作・監督を行うことについては寝耳に水だった。

来年八月まで東映と専属契約があるのを知りながら、『台風』の監督をやると勝手に公表し、怒る東映首脳部を前に、ときには涙を流したり、「死ぬよりほか仕方がない」とおどしたりしてともかくも演出のOKをとったあたりは、どこまで役者で、どこまでが本人か見分けがたい不思議な人物といえる。「あの男は異常性格だよ。いうことをまともに聞いていたら、こっちまで気が変になる」とは某映画会社重役の三國評だ

郵便はがき

料金受取人払郵便

102-8790

麹町支店承認

8043

差出有効期間
平成30年12月
9日まで

切手を貼らずに
お出しください

102

［受取人］
東京都千代田区
飯田橋2－7－4
株式会社 作品社
営業部読者係 行

【書籍ご購入お申し込み欄】

お問い合わせ 作品社営業部
TEL 03(3262)9753／FAX 03(3262)9757

小社へ直接ご注文の場合は、このはがきでお申し込み下さい。宅急便でご自宅までお届けいたします。送料は冊数に関係なく300円（ただしご購入の金額が1500円以上の場合は無料）、手数料は一律230円です。お申し込みから一週間前後で宅配いたします。書籍代金（税込）、送料、手数料は、お届け時にお支払い下さい。

書名	定価　　円	冊
書名	定価　　円	冊
書名	定価　　円	冊
お名前　　TEL　（　　）		
ご住所 〒		

フリガナ
お名前

男・女　　　　歳

ご住所
〒

Eメール
アドレス

ご職業

ご購入図書名

●本書をお求めになった書店名

●ご購読の新聞・雑誌名

●本書を何でお知りになりましたか。

イ　店頭で

ロ　友人・知人の推薦

ハ　広告をみて（　　　　　　）

ニ　書評・紹介記事をみて（　　　　　　）

ホ　その他（　　　　　　）

●本書についてのご感想をお聞かせください。

ご購入ありがとうございました。このカードによる皆様のご意見は、今後の出版の貴重な資料として生かしていきたいと存じます。また、ご記入いただいたご住所、Eメールアドレスに、小社の出版物のご案内をさしあげることがあります。上記以外の目的で、お客様の個人情報を使用することはありません。

が、そうはいってもその重役も彼の厚みのある演技力は高く評価して〝貴重なる役者〟としているのだから面白い。

（「スポーツニッポン」一九六四年七月二十二日付）

こうして三國は、ちゃっかりと東映とは専属契約から本数契約に切り替えることに成功するのだからさすがである。

だが、『台風』の脚本の仕上がりが遅れたことから、当初よりクランクインが延びたため、三國が俳優として出演する東映作品『越後つついし親不知』はなんとか『台風』の撮影にはカブらずに済んだものの、すでに三月二十二日から始まっていた『怪談』の撮影は延々続いており、『狼と豚と人間』（64、深作欣二監督）と『飢餓海峡』も控えていて、これらの作品とは掛け持ちになってしまった。

ほかにも今井正監督で企画中の『大奥㊙物語』への出演オファーもあった。

このうち『大奥㊙物語』は、脚本をめぐるトラブルから企画が延期され、今井正が降板し、中島貞夫が監督を引き継ぐことになり、三國の出演はなくなるが、それでも三國のスケジュールはビッシリだった。五社協定をものともせず、横紙破りを繰り返してきた映画界きっての問題児も、今やその得がたい独特の、何かが憑依したような怪物的な演技で名匠・巨匠たちの間で引っ張りだこになっていたのだ。

スケジュール調整に関して、『怪談』は第二話「雪女」を撮り終え、三國が出演する第一話「黒髪」の撮影に取りかかるが、本格的にカメラが回る前に三國が『台風』の撮影のため、現場を後にしてしまったため、大掛かりな第三話「耳無し芳一」を前倒しで撮影することになった。

そんな中、三國連太郎初監督作品『台風』は前述どおり、一九六四年七月十九日に木曽福島のオープン・セットでクランクインした。

当初の予定では七月二十二日にクランクインするはずだったが、雨で近くの川が増水したため、急遽日程を早めたのだった。

『台風』梗概（当初案版）

映画のあらすじを紹介しておこう。

すでに書いたように、映画は当初の企画から大きく変更されたので、もともとどういう話だったかは推測するしかない。だが、いろんな記事や状況を総合して、たぶん次のようなものだったのではないかと思われる。

ある地方都市の近郊の村を巨大台風が襲う。台風は村に大きな被害を与え、道路は寸断され、村は孤立する。食料や物資は途絶え、村人たちは耐乏生活を強いられる。一方、村に物資を届けようとするトラック隊は、台風によって寸断され地盤の緩くなった道なき道を、土砂災害の危険と隣り合わせになりながらも奮闘して走り、なんとか物資を被災地に届けようとする。極限状態の村の被災者と救援物資を運ぶトラックとの、スリルをはらんだ人間ドラマである。

まあ、おそらくはこんな話だったのだろう。どこか『どたんば』（57、内田吐夢監督）を思い出させもするが、これには三國は出演していない。

だが、もともと『どたんば』は映画に先行し、一九五六年にNTVがテレビドラマを製作しており、その好評によってオリジナル・シナリオを書いた菊島隆三の脚本を原作として、橋本忍の脚色で映画化されたものだった。

そのテレビ版の主演が三國連太郎だったのである。『台風』を企画した三國の頭の中にこの『どたんば』のことがあったのかどうか定かではないが、どこか通じるものはあったはずだ。

ともあれ改稿に次ぐ改稿の果てに嫌気が差した植草圭之助が降板し（クレジットには植草

の名前はない）、弟子にあたる春田耕三が引き継いで書き上げた『台風』の撮影台本は、この当初の案とはまったく違ったものになってしまった。

『台風』梗概（撮影台本版）

幸いにも撮影に使われた台本【図1】を入手したので、それを参考に映画のあらすじを記してみたいが、これにしたところで撮影中に号外が出たり、頻繁に変更が加えられたようで、入手した脚本はいたるところ変更を示す手書きの貼り込みと差し込みだらけで【図2、3】、今ひとつ分かりにくくて要領を得ず、さらに当時の新聞記事から察するにこれからさらにまた現場で追加や削除・変更が加えられたと思われ、まとめるのが厄介だった。

【図1】『台風』台本。

映画の舞台も、伊勢湾台風を題材にしたことから最初は名古屋ロケのはずが、いつのまにか長野県木曽福島でロケすることになったことはすでに書いたとおりである。しかし台本を読むと「天神川」という名前があることから、関西が舞台なのかとも思うが、登場人物の使う言葉に、「〜だっぺ」という言葉があることから関東周辺のような感じも受ける。ともあれ、以下、苦心して読み解いた物語を要約する。

山あいにあるとある集落。

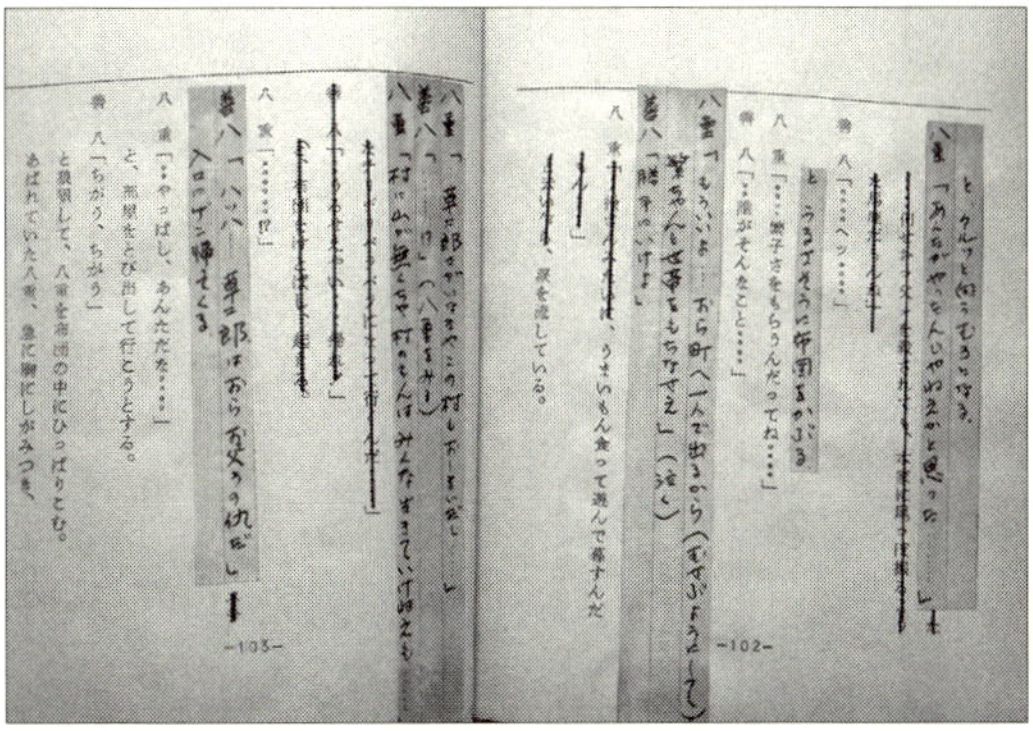

【図2】

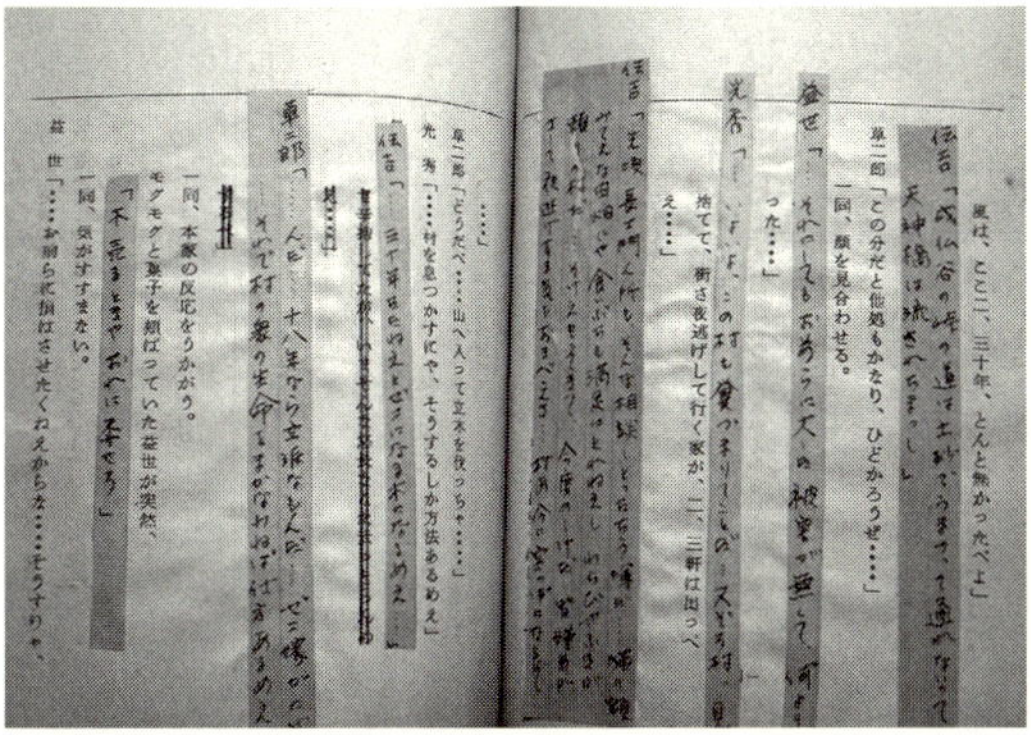

【図3】変更が多数加えられた台本。

村では毎年恒例の秋祭りが行われている。祭りの輪を抜け出した娘・繁子を村の青年・善八が追いかけて、寺の近くにある羅漢像の前で善八は繁子を押し倒す。二人は恋仲らしい。男に思わせぶりな媚びを売るがなかなか体を許そうとしない繁子に、善八はしびれを切らして迫り、荒々しく二人は交わる。

善八には親の決めた許嫁《いいなずけ》の八重がいるが、性に放縦で村の男とみれば色目を使う本家の繁子の魅力に取りつかれているようだ。立派な門構えで大きな蔵がいくつもある本家に比べて、善八の分家は貧しい。

一方、八重の家は中農で、農業のかたわら、父親は棺桶作りをし、母親は着物の仕立てなどの内職をして生計を立てている。内緒でドブロクも作っている。祭りが終わり、降り出した雨が強くなってくる。台風が近づいているらしい。

八重の父親は、台風が来るとなれば死人が出るからひと儲けできると考えて、今から棺桶作りに余念がない。

村は鐘清という村の有力者が取り仕切っていた。彼は製材所を持ち、村の山林から切り出した材木を村人から買い叩き、県外に運び、財をなしていた。本家の家長・益世と鐘清はたびたび碁を打つほどの仲であり、親しい間柄である。

台風はやがて本格的に村を襲い、大きな被害を出す。死者、怪我人のほかに家畜も死に、多くの家屋は吹き飛ばされ、崩落した土砂によって家屋や家畜小屋は流されていた。村人たちは寺の本堂に避難する。村と外を結ぶ橋は崩れ落ち、峠の道路は崖崩れで寸断され、完全に村は孤立した。棺桶でひと儲けする算段をしていた八重の父は死んでしまい、自分が棺桶に収まることになった。

孤立した村では、今後の生活をやっていくために山の木を伐採することになり、村人の声を本家がまとめ、鐘清と交渉することになる。ところが鐘清と本家は結託して、この機会にひと儲けしようと、山の材木を独り占めして利益を山分けにしようと謀《はか》る。山の木は村のものだと主張する村人たちは反撥して、強引に伐採するが、本家派に襲われ大乱闘になる。村は二派に分かれ、互いに憎み合うようになった。本家は善八を見込んで繁子をだしにして丸めこもうとする。村の二派による争いはますます大きくなる。

その頃、村への通行道路は、救援物資を運んできたトラックが崩落した土砂のために通れなくなっており、必死の復旧作業が行われていた。やっと道路や橋が復旧し、トラックが村に入り、救援物資を運んでくる。

善八の家は、本家派に通じたと思われて村人から白眼視され、食料の分配等でも仲間外れにされている。八重が隠れて善八の家に食料と毛布を持ってくるが、衰弱した善八の父は縊死していた。道が開通したので鐘清たちは切り出した材木をトラックで運ぼうとするが、反対派がトラックのタイヤに細工したりして妨害し、荷を運べない。

そんなとき放火騒ぎが起こる。反対派のリーダーが首謀者と見なされて駐在にひったてられる。八重は、善八が繁子と一緒になりたいためにつけ火したと言って責め、自分は村を出ていくと言う。

その頃、本家は山の材木の利益を鐘清が独り占めしようとしているのを知って仲間割れを始める。本家派が総崩れになる中、善八が繁子との結婚話を本家に念押しすると、冷たくされる。肝心の繁子からも気まぐれで遊んだだけという冷たい返事が返ってくる。目がさめた善八は八重の家に行き、泣きながら八重に謝る。本家も鐘清に騙《だま》されていたことを知り、村人に謝罪し、村人側につくことを約束する。

一方、鐘清は材木を出荷する。電気が復旧し、テレビが復活すると、新しい台風が発生したことをニュースが告げる。鐘清は「毎年これくらいの災害が来てくれっと、笑いがとまらねえんだがな」と高笑いをする。

鐘清が運び出す材木を積んでトラックが次々と村から出ていく。その一台の助手席に善八の姿がある。八重がそのトラックを追うが、善八は気づかず、何台ものトラックとともに村を出ていく。

撮影稿を検討する

善八が山本学、八重が岩本多代、繁子が志村妙子（新聞発表の〝たえ子〟から漢字表記に変更）だということは分かるが、ほかの配役の詳細は不明。あらすじを書いていて分かったのは、当初のものとまるっきり変わったことのほか、物語の中心が台風そのものでなく、村を支配する有力者と村人との対立に移ってしまっていることだ。それにしては善八、八重、繁子の三人が中心になるはずの物語の視点がはっきりせず、脇に追いやられている印象を与える。

第一、台風で孤立し、食料も電気も途絶した村の被災者たちが最初に心配すべきは命をつなぐこと――すなわち食料と寝る場所の確保だろうが、道も復旧しないうちから村の山林伐採で二派に分かれて抗争をするだろうか、というツッコミが可能で、かなり不備が目立つ脚本ではある。

製作者で監督でもある三國連太郎としては、当初の台風の被害がもたらした極限状態の人間ドラマから、次第に日本の村社会独特の問題に関心が移ってしまって、台風そのものは口実になってしまったようだが、村社会のありかたは三國が主演した『異母兄弟』（57、家城巳代治監督）や『飼育』を思い起こさせる。

また、変更された物語の随所に三國本人の実体験が強く反映されているのではないかという要素も見受けられる。

たとえば三國が被差別部落の出身であることは自身も晩年積極的に語っていたが、祖父が棺桶を作る職人で、それを嫌った三國の父が渡り電気職人になったという三國自身の血脈の経歴は、『台風』の登場人物である八重の父親が棺桶作りをしているという設定にそっくりである。

あるいは戦地から引き揚げてきた三國が、山陰地方で知り合った女性と同棲をして、しばらく鳥取で闇商売をしていた頃の体験が生かされている部分も大きいのではないか。三國は俳優になる前に、長野県上田でドブロクを作って密造酒を売っていたこともあった。『飼育』のDVDにつけるブックレットのために取材したとき、「農村でのいやらしさがよく出ていた」という私の感想に対して、三國はあの独特の女性的ともいえる柔らかい声と笑顔で、ていねいに次のように答えた。

戦中から戦後にかけての田舎というのは、体験として僕の中にあったんですね。僕のおふくろは（静岡県の）下賀茂郡というところに疎開していましたから、そこに行くと都会から疎開してきた見ず知らずの連中がたくさんいて、その中でのお付き合いというのは特殊なものがあるわけです。（戦争がはじまると）おまわりが一日一回は見回りに来たりして状況が急変したんです。僕はその村から出征しました。でも戦後は一変して、物がなくなったりすると、僕みたいな引揚げ者は泥棒扱いでまず嫌疑をかけられる。それで僕は警察に取り調べを受けたことが何回もあります。『飼育』で僕が演じた地主にあたるような村長もいましたよ。だから映画と同じような土壌で暮らしていました。そういうわけだからというわけではないんですが、『飼育』で僕が演じた地主の役は体験的でした。

（二〇〇八年七月二十四日、ＤＶＤ『飼育』ブックレット）

このへんの事情は三國連太郎本人のさまざまな著作や本人が取材に応じた雑誌に詳しい。しかしながら、気持ちは分かるが、映画は気持ちや思い入れで作るものではない。何度も改稿したというより、気まぐれな思いつきで変更に変更を重ねたと言ったほうがよいような書き直しによる脚本の不備を抱え込んだまま、とにかく『台風』はクランクインしてしまう。同時に俳優として出演する『狼と豚と人間』と『飢餓海峡』もクランクインが迫っていた……。

『台風』撮影ルポから

当時の新聞記事に戻ろう。

この映画は三國連太郎が日本の映画界にぜひ自分の作品を残したいと、この三月、日本プロを設立してはじめての作品で、テーマは台風に襲われ外部から隔離された一区民の行動を通じて、日本人のゆがんだ精神の一面を戯画化しようという〝人間喜劇〟をねらったもの。舞台は伊勢湾台風に襲われた名古屋周辺の山村という設定で（注：長野県西筑摩郡）開墾村髭沢区を選んだ。この日は板屋根に石の乗っているこの地方特有の同区の（……）キュウリ畑にカメラをすえ、分家派から本家派に寝返った夫光秀（今橋恒）が手みやげに家の鶏を持ち出そうとするところへ妻の玉枝（志村幸江）がびっくりして駆けつけるところなど三カットを、多くの村民が見物する中で撮影したが、三國監督はさすがに演技派できたえただけに初監督とも思えないほどメガホンも堂に入ったもので、俳優の手をとって演技指導したり、テストを何回もくり返して注文をつけるなど細かい神経を使った。作品のねらいについては「現在の退廃的、否定的哲学への抵抗を盛りあげたいと思っている。初監督だが撮影スタッフと演技陣の協力でりっぱなものに仕上げたい」と意欲を語った。

（「中日スポーツ」一九六四年七月二十三日付）

この記事に「人間喜劇」という言葉があることから、災害で孤立した村の二つのグループが対立する姿を、たとえば今村昌平のような〝重喜劇〟のタッチで描こうという思惑があったのかもしれない。さらに〝重喜劇〟の源流を遡ると、戦後の松竹では小津安二郎の次に位置する巨匠でありながら現在ほとんど顧みられることのない渋谷実という、終生いびつな喜劇を撮り続けた監督の存在にぶち当たる。ちなみに三國は渋谷の代表作の一本である『本日休診』(52)に出演しており、木下惠介の『善魔』(51)で主役デビューを果たした三國にとって、『本日休診』は初めて演技を認められた出世作になる。

さらに連想を働かせて考えていくと、木下惠介が二作も映画化した深沢七郎や、渋谷実が映画化したこともあるきだみのるといった作家たちの存在も気になるところである。三國の読書傾向を知る由もないが、役者としては何事も準備万端で役作りに臨む三國のことであるから、『台風』を撮るにあたってこれらの作家の描く村社会を参考にしたのではないかという気がする。

なお、「中日スポーツ」一九六四年八月十七日付には、出演する望月優子、北林谷栄らの子どもの役を演じる国際児童劇団所属の六人の子役の決定と、中日スポーツ総局への表敬訪問の記事が載っている。

続いて、実質的には主演である山本学の取材も交えて撮影の様子を報じる記事。

ロケ宿は木曽御岳（三千六十三メートル）のすぐふもと。〝夏でも寒い〟と木曽節に歌われており、ロケ地一帯の高原にはススキが白い穂をたれ、赤トンボが舞って早くも初秋ムード。しかしいちばん近い町（木曽福島）に出るにもバスで一時間という山の中の生活だけに娯楽もなく、ロケ隊は陸の孤島でただ〝働いて、寝るだけ〟の生活を送っている。「戦場と同じですよ。不便で、ただやたらと忙しくて」と三國監督。しかし朝六時に起床して七時に現場に出発、夜六時ごろまで撮影をつづけるが、興が乗れば夜十一時までとりまくることもあるという。そうして夜は午前三時ごろまで台本と首っぴきで、翌日の構想を練る。スタッフもエキストラの手配から撮影のあと片づけまで深夜まで働き続ける。そして十日に一度ぐらいはラッシュ（部分試写）を見に夜の十時に部落を出発して、町まで峠を一つ越えて行くという、山の中のロケ隊ならではの苦労もしている。この三國に当面の問題は？　と聞くと「監督としては才能がないこと、プロデューサーとしては金がないこと」と笑った。（……）出演者のひとり、山本学は「ともかく三國さんの粘りには頭が下がります。あきらめることを知らないから……」三國の演出は、ていねいに一カット、一カット積み重ねていく作業の連続だ。それも演技者としての経験を生かして一カットずつ出演者にカンでふくめるように状況を説明したり、相談しながら撮影をつづける。ときには前夜、構想を練るとき、ふっといいアイデアが浮かんできて、シナリオを全部書きかえるときもあるという。そういう場合は先に寝てしまった俳優さんをたたき起こしてリハーサルにはいるというから、いかにも芸の虫、三國らしいやり方だ。「どの監督のスタイルに似ているかといえば、やはり僕独特のものですかねえ。しかし、監督は自分の持っている経験、知識をすべて画面に投入しなければならないと思うんですよ。だから僕は自分の十四年間の俳優生活で得たものの、すべてを注ぎ込むつもりです。そして、できあがった作品の程度が低ければ、すなわち僕の得たものが、それだけしかないといわれても、しかたないと思います」そして監督業についての結論は「役者より体力も神経も倍近く使う。しかし、実になる栄養も比べものになりません」と結んだ。

（「日刊スポーツ」一九六四年八月二十四日付）

この記事にある「ときには前夜、構想を練るとき、ふっといいアイデアが浮かんできて、シナリオを全部書きかえるときもある」という一文に注意されたい。三國の思いつきによる相次ぐ変更やアドリブによる改変については先にも指摘しておいたが、三國連太郎のように日本映画を代表する巨匠・名匠たちとがっぷりと四つに組んで映画作りを経験してきた俳優が、どうしてこのように脚本を軽視し、「思いつき」や「アドリブ」に走るのかはよく理解できない。脚本は映画作りという、いわば大海を漕ぐ旅におけるコンパスであり、青写真である。そうした行き当たりばったりの映画作りが、本章の冒頭にも記述した『岸のない河』のように未完のまま放り出したりすることの直接的な原因にもなっているように思う。そしてこの『台風』の場合も、その例外ではなく、こののちさまざまな波乱を呼び起こしていくことになる。

ただし、このような演出スタイルは新劇出身の新人女優には新鮮だったようだ。七月十九日のロケ開始とともに現地入りし、約二カ月間にわたる山村での合宿生活を通して、俳優の生理を知り尽くした名優の粘っこい演出の下、岩本多代（新人会）と志村妙子（俳優座養成所）もすっかり日焼けして、山村で暮らす農婦の役を自然に体得していった。

もうひとつ、三國のこの現場で特徴的なのは、スクリプター（記録係）と平行してポラロイド・カメラを使用したことである。完成した映画の場面の順番とは異なり、シーンもカットもバラバラに撮影が進められていく通常の映画撮影においては、カットごとにスクリプターが撮影にまつわるあらゆることをシートに記録して、編集のときのつながりに支障が出ないようにする。俳優の衣裳やメイクなどについても同様で、スクリプターがいる場合においても俳優自身がつながりを気にする必要があるが、ポラロイド・カメラがあれば一目瞭然なのは当然で、これは俳優陣には好評だったようである。

谷崎潤一郎が『鍵』を著したのが一九五六年。新しいものが好きだった谷崎はこの小説で当時最先端のポラロイド・カメラを登場させたが、一九五九年の市川崑監督による映画版にも重要な小道具として登場した。だがまだ実際にその実物に触れた人はほとんどいない時代だった。その翌年の一九六〇年にはカラーパックが発売され、三年後にはそれを装着できるカメラが発売される。そしてポラロイド・カメラがようやく広く認知され、アンディ・ウォーホルやロバート・メイプルソープらアメリカのアーティストがポラロイド・カメラを使ったセルフ・ポートレイトを発表するのは一九七〇年代に入ってからのことである。そう考えると、三國が『台風』でポラロイド・カメラを使ったというのは相当に早いと言ってよく、また日本映画界で最初の試みではないかと思われる。

台風の前兆

『台風』に抜擢された二人の新人女優について補足しておく。

岩本多代（一九四〇年三月五日～）、和歌山県生まれ。五九年、俳優座養成所入所。同所を卒業した六二年に劇団新人会に入り、同劇団を代表する若手美人女優になる。

映画には吉永小百合主演の日活『あすの花嫁』（62、野村孝監督）でデビュー。松竹『無宿人別帳』（63、井上和男監督）で津川雅彦の恋人役で出演。おそらくこのとき同作品に出演していた三國に見染められたものと思われる。そのほかの代表作は『夜の片鱗』（64、中村登監督）、『紀ノ川』（66、中村登監督）、『千恵子抄』（67、中村登監督）、『はだしのゲン・涙の爆発』（77、山田典吾監督）、『ガラスのうさぎ』（79、橘佑典監督）など。テレビドラマ多数。

志村妙子（一九四三年十二月二日～一九九二年十月十三日）、東京都生まれ。五九年に高校在学中の身分で東映第六期ニューフェイスに合格し、六〇年東映と専属契約を結ぶ。TV「新・七色仮面」（60、NET）でデビュー。続いてTV「ナショナルキッド」（60、NET）のチャコ役でレギュラー出演。映画は『二人だけの太陽』（61、村山新治監督）に初出演したのち、『悪魔の手毬唄』（61、渡辺邦男監督）、『胡蝶かげろう剣』（62、工藤栄一監督）などに端役出演。六三年東映と解約。六四年俳優座養成所に第十六期生として入所。そこで『台風』に抜擢される。

三國連太郎とは彼女が東映にいたときからの知り合いだった。知り合ってすぐに二人は恋愛関係に発展する。そして、『台風』の撮影で、その火はさらに燃え上がることになる。

当時、三國は妻帯者で、その妻との間には、のちに俳優になる佐藤浩市という息子もいた。当然、その関係は不倫である。現在、そのエピソードは志村妙子の芸名改め太地喜和子という女優を語るときのエピソードとして必ず引き合いに出されるので、改めて書くまでもないだろう。

その後、彼女は俳優座養成所を卒業したあと、文学座に入団し、舞台・映画に活躍した。また一方で恋多き女として少なからぬ男性と浮名を流し、これからという演技の円熟期に、若くして突然の事故で一九九二年に死去した。そのキャリアと人生は、多くの人の知るとおりである。

木曽福島での『台風』のロケが二十日ほど済んだ頃、三國は撮影を中断し、東京で撮影中だった『狼と豚と人間』に八月七日から出演する。連日の監督稼業で声は掠《かす》れ気味で、

【図4】『台風』撮影風景。

疲れも溜まっていたが、憔悴した姿は役にはピッタリであった。三國の出演場面は、三日間集中的に撮影が行われた。

『狼と豚と人間』の出番を終えて、三國は八月十一日前後には『台風』の撮影現場に戻ってきて、演出に専念した【図4】。

　しかし八月二十日から三日間は、今度は七月二十八日からクランクインしていた『飢餓海峡』出演のために舞鶴にロケに出かける。三國扮する犬飼多吉が左幸子扮する杉戸八重を殺す重要な場面もそのときに撮影された。

　それが終わると再び『台風』の撮影現場に戻る。そこで彼の演出の特徴ともなった〝思いつきと閃《ひらめ》きによるアドリブ演出〟で脚本にはなかった場面を急遽つけ加え、出演者のひとりである三木弘子（俳優座養成所）に自慰をさせる。これがマスコミにセンセーションを巻き起こすことになる……。

ベルイマンに触発されて

『怪談』と『飢餓海峡』のスタッフは、三國連太郎が自ら製作・監督する『台風』の撮影を優先するので、たびたび三國待ちになるスケジュールの調整に頭を悩ませることになったが、肝心の三國は「今村昌平の映画に接する態度、描写、ベルイマンの作品のつきつめかたがお手本だ」（「独立プロ二つの誤算」、「映画芸術」一九六五年一月号）とうそぶきながら、『台風』の撮影に没頭していた。

この時点で三國は今村昌平の作品には出演していないから、純粋に今村が監督した作品（『にっぽん昆虫記』や『赤い殺意』）を見て感心していたのだろう。

問題はイングマル・ベルイマンの名を三國がどうして挙げたのかだが、脚本にはなかった女性の自慰の場面を急遽思いつきで加え、三木弘子に演じさせたのは、実は三國がベルイマンの『沈黙』（63）を見て、イングリッド・チューリンが自慰をする場面に刺激されたからだった。

『沈黙』を配給した東和は、日本のスクリーンに初めて登場した自慰シーンを宣伝文句に使い、イングリッド・チューリンの妹であるグンネル・リンドブロムが見知らぬ男とベッドを共にして、喘《あえ》ぐ写真をポスターに使用した【図5】。だがこれを映倫が黙って見逃すはずがない。映倫は倫理規程六「性及び風俗」の六「一般に隠蔽すべき習慣として認められる事柄の描写や、観客の嫌悪を買うような下品な描写は避ける」という条項に該当するとして、東和側に強硬に修正を求め、本篇の自慰と愛欲のシーンが約三十秒切除されることになった。したがってポスターにあるカットは当時公開されたバージョンにはない。

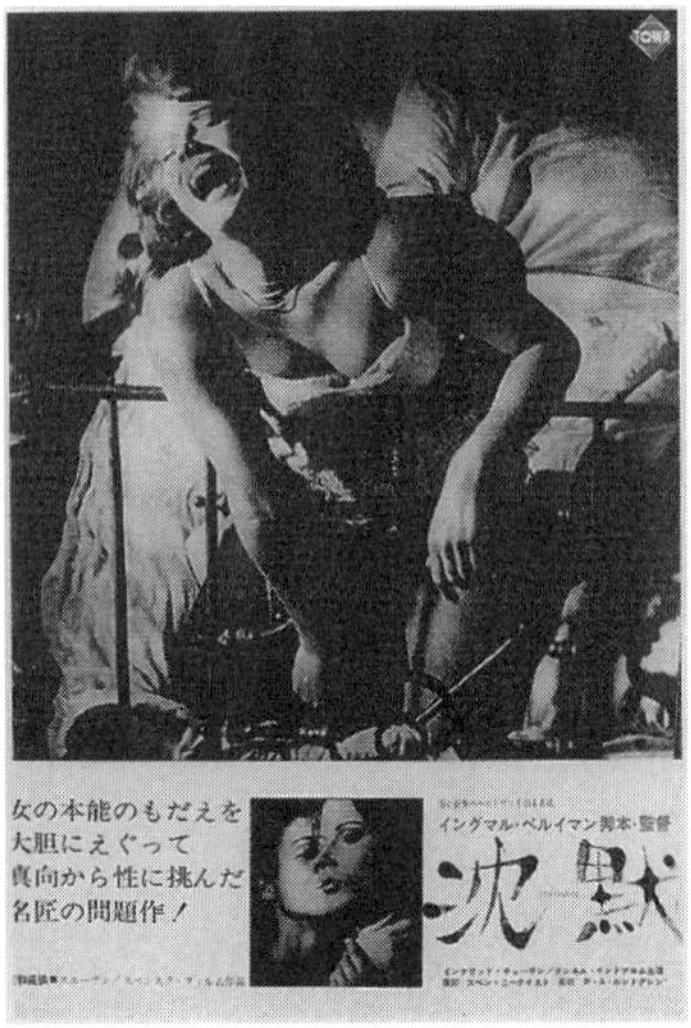

【図5】『沈黙』初公開時のポスター。

三國がこのバージョンの『沈黙』を見たのは、『台風』のクランクイン直前かインしたあとの空き時間だったと思われる。

『沈黙』が日本でロードショー公開されたのは一九六四年五月十六日（東京）。成人映画として封切られたが、外国製のポルノ作品やいわゆるエロダクション映画と呼ばれる国産ピンク映画以外で初めて女性の自慰が描かれた芸術作品として、マスコミが大きく取り上げ話題になっていたので、ロードショーが終わったあとの下番館や地方映画館でも上映が続いていたのだった。

『沈黙』は、『鏡の中にある如く』(61)、『冬の光』(62)に続く、いわゆるベルイマンの〝神の沈黙三部作〟の最終作で、次のような内容である。

国際列車で故国スウェーデンに帰る翻訳家のエステル(イングリッド・チューリン)とその妹アンナ(グンネル・リンドブロム)。アンナは幼い息子ユーハンを連れている。病身のエステルの体調が悪化して、三人は途中の駅で降りる。町じゅうを戦車が走り回る、言葉の通じない見知らぬ国である。ホテルのベッドに体を横たえるエステル。一方のアンナは町なかで見知らぬ男を拾い、体を任せる。題名にある「沈黙」とは、エステルとアンナが姉妹でありながら、まったく精神的なつながりを持てないことに由来する空虚や孤独を意味する。

三國に強いインパクトを与え、急遽『台風』に取り入れることにさせたイングリッド・チューリンの自慰場面は、次のように展開する。

主人公の三人がホテルに到着して早々、一人になったエステルが空になったウィスキーのおかわりを給仕に持ってくるように身ぶりで注文し、ベッドに横になって衝動に駆られたように左手をパジャマの中に入れて右の乳房をまさぐり、右手をパジャマのズボンの中に突っ込む。その瞬間カメラはエステルの顔に近づき、喘ぐような表情を見せる。時間にして一分ほどで、裸が登場するわけではないので、ぼんやり見ているとよく分からない。しかも三國が見た日本初公開版ではこの場面はほとんど削除されていたのである。

いい迷惑だったのは、撮影当日になって脚本にない自慰場面を演じるように要求された三木弘子である。結局、三國のねちっこい説得に負けてしぶしぶ演じたようだが、これがマスコミの格好の餌食になる。それについては後述する。

撮影の進行ぶりは全体の半分を撮り終えた。このなかで、映画のトップシーンに近い後家（三木弘子）のオナニーシーンが撮影された。三木は雑貨商の一児をかかえた後家さん。女盛りなのにセックスの発散がない。周囲での村の青年・山本学、村娘の志村たえ子の性のたわむれに刺激されて、一段と体がほてり真夜中、自慰行為にふける場面だが、その夜、三國監督がふとアタマにひらめいて急きょこのシーンを設定することになった。「果たしてこのショッキングシーンはドラマの中に必然性はあるんですか――」と演じる三木はこばんだが、論議の末、三國は「台風のため断絶された村の状況と、貧しい環境ゆえにそこから脱出できない女の欲求をこのシーンで表現したい」と力説。とうとう三木を口説いてＯＫさせてしまった。三國の強引さと人柄がそうさせたわけだ。撮影はロケ隊が泊まっている旅館の一室。それも午前二時、スタッフはオフリミットにして三國と前田カメラマン二人きり。三國と三木が打ち合わせの末、三木がワンピース一枚でタタミの上にペタリと座り、右手が、両脚の奥にのびて……そして悶《もだ》え、エクスタシーの表情演技をやってのける。カメラは三木の真上からねらうのだが、雨の降るガラス越し……という設定。水とガラスでぼかしてその異様さをカメラに収めた。三國はかねてからベルイマンの『沈黙』のつきつめ方を手本にしている――といっていただけに、このシーンの描き方も多分にベルイマンをねらったのでは――と評判されているが、わが意を得たり……と三國はニンマリ。

（「内外タイムス」一九六四年九月一日付）

撮影台本で自慰場面を想像する

三國が急遽思いついて追加したという、この自慰場面は映画のどこに挿入されたのか、台本を読むとおおよその見当をつけることはできる。冒頭の村祭りの場面で、祭りの輪を抜け出した善八（山本学）と繁子（志村妙子）が羅漢像の前で求めあうというシーンだ。台本では次のようになっている。

④　羅漢像の前

立ちならぶ羅漢像。
聞こえて来る太鼓の音。
笹が風に吹かれ、ザワザワなる。
何かを期待しながら、ゆっくりと歩いてくる繁子。
突然、思わぬ方向から、ぬっと現われる白い衣裳をまとったままの善八。
と、繁子、急にけたたましく笑い声を立てて、一方へ逃げ出す。
善八、そそられて衣をひるがえして追う。
太鼓の音、一きわ激しくなる。
善八、ついに繁子を捕まえ組み伏せる。
繁子、尚《なお》も抵抗しながら、
繁子「人が来るってば馬鹿」
犬がいやしくメス犬の尻を追っている。
善八「頼むから……な……おれはこれ以上、我慢出来ねえ。苦しくて……」

繁子、クックックッと咽喉《のど》の奥でかすれた笑い声を立てる。
繁子「……みんなにそう云ってるんだべ……」
善八、手を放して、荒々しく立ち上がる。
善八「そんな風に思っているのか……いいさ……これっきりだぞ」
ためすように見上げていた繁子、善八の白い衣裳の端を押さえて、
繁子「……ううん……いやだ」
善八、激しくのしかかって行って、口を吸う。
善八「……何故《なぜ》、目をつぶっているんだ」
繁子「何も見たくないも」
尚も激しく愛撫する善八。
繁子「ねえ、あんたは私のどこが好き」
善八「全部さ。だけどお前の体ってよ、すごくすべっこいな……」
繁子「……フン……」
善八、荒々しく、繁子の胸をはだけて顔を埋める。
——犬の交尾——

⑤　寺境内（夜）

高潮する太鼓のリズム。
泣いている天女像等々。

⑥　寺の境内（夜）

添い寝をして、たわむれている二人。
太鼓の音、かすかに聞こえて来る。
善八「……他の男にも、こんなことさせるのか……ええ……？」
繁子、両手で顔を覆って恥ずかしそうにしている。
繁子「馬鹿なこと云うもんでねえよ」
と、裾を直すようにして起き上がる。
繁子「何で私、あんたなんか好きになったんだろう……私って不幸な女だわ」
善八、笹をひきちぎり丈夫そうな青白い歯でかみくだく。
繁子「……嫁さんの決まった人に惚れるなんて……」

善八「……お前さえその気なら、おらいつでも八重なんか」
繁子「そんなこと……」
髪をかき上げた繁子の顔に雨が落ちる。

⑦　坂道（夜）

大粒の雨が降り出し、村人たち、われ先に提灯《ちょうちん》を持って駆け下りていく。
二匹の犬（交尾終わって）

⑧　雑貨屋（夜）

雨やどりしていた善八、派手な女のワンピースに目をとめる。
善八「……一寸《ちょっと》、それ見せてくれや……」
店の女房「（ニヤニヤしながら）駄目だよ、女の子泣かしちゃさ……」
と、着物をおろして渡す。
善八「……へっ……」

女房「評判だから……」

善八、正札をひっくりかえしてみて、懐から、しわくちゃの札をとり出し、ポイと投げワンピースを、自分の着物の下にねじこむ。

善八、外をうかがう。

激しく降る雨。

女性の必然的行為？

犬の交尾場面は脚本の上に修正紙が貼りつけて書かれていることから、あとから追加されたらしい。よくいえば今村昌平の映画によくある動物や昆虫を使った暗喩みたいだが、ストレートすぎて安っぽいピンク映画のようだ。

三木弘子が扮する雑貨店の未亡人が自慰をする場面は、つながりから推測すると、この善八と繁子のラブシーンの場面に挟みこまれたかこの場面のあとに挿入されたかだったと思われる。ますます三流のピンク映画みたいだ。

だが、マスコミの興味をそそるにはじゅうぶんだった。

日本人の模倣癖は、いまさらいうまでもないが、製作中の映画を見渡してみると、それが軒並み。もの真似もここまでくると、リッパな技術であるわい……と、つくづく感心させられる。三國連太郎が初演出で話題の『台風』に出てくるのが、未亡人のオナニーってやつ。連太郎監督がロケ宿のフトンの中でハッと思いつき、一日いっぱいかけて女優をクドきおとし、脚本にないシーンを撮ったというのだが、これもいってみれば『沈黙』でワイワイさわがれた例のカットの模倣だ。さらに田坂具隆監督（原文ママ）の『飢餓海峡』にも左幸子が〝オナっちゃう〟シーンがあるし、どうもこの模倣はあまり感心できない。（「内外タイムス」一九六四年九月十四日付）

ところが、あまりにマスコミが興味本位に騒ぐものだから、自慰場面を演じた三木弘子がこの場面をカットしろと騒ぎ出した。

スウェーデン映画『沈黙』が話題をまいたのもオナニー場面にあった。健康で男をあさり歩く妹をみて、病床に伏しがちな姉が悶々の情を押えきれずに、妹の外出したとき、自慰行為をする――というシーンだが、宣伝ポスターやちらしには、オナニーにふける姉の顔のアップを見せたが、さて実写のときには、そのシーンはおろか、姉の顔の表情すら映倫のハサミでちょん切られていた。（……）その問題のシーンは『沈黙』ではついに見られなかった。その腹いせでもないだろうが、オナニー・シーンは邦画にも出現し、トラブルをおこした。『台風』は、三國連太郎が自分の〝にっぽんプロダクション（原文ママ）〟で、監督主演する映画。ほとんどがオールロケーションの作品だが、その中にオナニーをしている女性のシーンが登場することになっている――というのには理由がある。このシーンが撮影されるのを知った某女性が、女性を冒瀆しているという理由で訴え、目下その白黒の決着はつかない状態にあるから、果たしてそのシーンが、われわれの目にふれることができるかどうかという疑問があるからだ。三國といえば、デビュー作品『善魔』当時から芸熱心で、それがサドとかマゾとか、さまざまな風評を呼び、俳優仲間でも異端児とされているだけに、彼がこのシーンをとりあげるのもむりもないものだというむきもある。

（「大流行！女性が一人で〝慰める〟とき」、「100万人のカメラ」一九六四年十二月号）

残念ながら、この騒ぎに関する具体的な記事を見つけることはできなかった。国会図書館といえども、「内外タイムス」をすべて揃えているわけでもないし、「大宅壮一図書館検索目録」はエロ本の記事が載っていないから、当時の記事をくまなく調べることが不可能なのである。

ただし、竹中労の『芸能人別帳』（筑摩書房）に次のような記述がある。


たとえば、一九六四年、自ら独立プロダクションをつくり『台風』という映画を製作したが、その劇中で新人会の三木弘子にオナニーの演技をつけて、本人から削除を要求される。連太郎ちっとも動ぜず、「自慰は女性の必然的行為」と称し、週刊誌にオナニー論争を巻き起こした。

（「放浪魔人・三國連太郎」）


この騒ぎは先に引用した記事にあったように、同じく三國が主演する『飢餓海峡』で、左幸子扮する杉戸八重が三國演じる犬飼多吉の切った爪を使って自慰をする場面にまで飛び火した。

ちなみに『飢餓海峡』の脚本を書いた鈴木尚之が著した『私説・内田吐夢伝』（岩波書店、一九九七年）によると、八重が犬飼の爪で自慰をする場面は鈴木が考えたことになっているが、内田吐夢の次男で『飢餓海峡』の製作進行を務めた故・内田有作に、映画史家の故・田中眞澄と私が聞いた話では、「あれは吐夢が考えたもの」と鈴木の主張に反論していたことを書き添えておく。

だが、それは三國同様に吐夢がベルイマンの『沈黙』に触発されたものかどうかは、今となっては分からない。

好事魔多し

肝心の三國連太郎は、周囲の騒ぎを気にするわけでもなく、また三國待ちでスケジュール調整をやりくりする『飢餓海峡』や『怪談』の現場の苛立《いらだ》ちも馬耳東風に受け流しているかのように、『台風』の撮影を続けていた。

当初は木曽福島のオール・ロケだけで撮影するはずが、台風から村人が逃げ込む洞窟にふさわしい場所が現場にないという理由から、東映大泉撮影所に洞窟のセットを組んで撮影することになった。三國は九月十三日に帰京し、十四日にはラッシュの試写と編集、そして十五日の早朝に大泉撮影所のセットに入り、撮影を再開した。

シーンは、祭りの夜にやってきた台風のため、丘の上のほら穴に避難した村人たちが恐怖の一夜をすごすところで、東映撮影所に、ブリキと泥絵具でつくったほら穴のなかには木曽の髭沢部落の住民、十五人も加わってなかなかにぎやか。撮影隊が民宿してのロケだっただけに、スタッフとも顔なじみで「おい、とうちゃん」「ばあちゃんはそこにすわって……」などと、実に家族的なふんいきだった。

（「中日スポーツ」一九六四年九月十七日付）

三國は午前中でここでの撮影を済ませ、午後には『飢餓海峡』の撮影のために上野から北海道に出発、十七日に大嫌いな飛行機で帰京して『台風』の撮影を続行するという殺人的スケジュールをこなす。

だが好事魔多し。そうは順調にいかない。十一月一日に三國が面疔《めんちょう》になってしまったのである。面疔とは医学的には毛嚢炎が顔面にできる細菌性感染炎のこと。命に別状はなく、短期間で治るとはいえ、顔が売り物である俳優としてはありがたくない病気である。ましてや撮影中の映画の主演なのである。

このため自作の『台風』を始め、『飢餓海峡』、『怪談』の三作品に大きな影響が出ることになった。とくに大幅に撮影が遅れている『怪談』は、完全に撮りきったのは第二話「雪女」だけで、三國の出演する第一話「黒髪」は十一月三日から撮影が再開するはずだった。医者によると、三國の症状は手術せずに薬だけで治療したとして少なく見積もって全治一週間だという。その間、三作品の撮影はストップした。「黒髪」で共演する新珠三千代も売れっ子でスケジュール調整は難航した。

『飢餓海峡』は、参加予定だった秋の芸術祭への出品をあきらめることになってしまった。

十一月十四日、予定よりも十日遅れで、ようやく『怪談』のセットに現れた三國連太郎に、若槻繁プロデューサー、小林正樹監督以下が安堵したのもつかのまだった。一難去ってまた一難。今度は三國がセットでの撮影中、腐った板を踏み抜いて、足を怪我《けが》してしまう。患部は左足親指と人指し指の間で、骨に達するほど深くトゲが刺さって、すぐに切開手術が行われた。全治一週間。こうなるとヤケのヤンパチ。三國は足をひきずりビッコをひきながら『怪談』の撮影を続行した。

一方、『台風』のロケ撮影が木曽福島から青梅に変更になったのは、木曽福島の人々との関係が悪化したからだとも噂される。

村人とロケ隊とのいがみ合い、最後は石で追われるように山を降り、青梅のロケに切りかえた。

（「映画芸術」一九六五年一月号、「独立プロ二つの誤算」）

十一月十九日、『台風』は青梅ロケ終了でクランクアップ。東映が配給すると発表された。

クランクアップ直前の三國にインタビューした新聞記事。

『台風』の撮影をあと二、三日で終わる状態の三國は、この日（注：十一月十四日）は編集に忙しい。『飢餓海峡』のためにのばしたヒゲづら。いく分やつれたようすだ。「六十九日間山奥にこもったもので……」と笑うが、初の監督業がいかにきびしいものだったか、いささかわかるようだ。「俳優としてのスケジュールの点でいろいろいわれているようですが、『怪談』の方は契約だと六月四日までにとりあげてくれることになっていたんですよ。『飢餓海峡』は九月の十日に入ることになっていたんです」という。『怪談』は六月四日までとはいえ、この契約期間中にテレビ出演をしたり、三國自身穴をあけたことは事実だ。にんじんくらぶとしては『飢餓海峡』とスケジュール調整をしながら残りのシーンを待っている。「もちろん『怪談』もはやく上げたいし、別にトラブルなくやれると思っています」と本人はのんびりしたもの。「一日十カット平均でとりました。NGが十五割（原文ママ）、四〜五万フィートはとりましたね。これを一万フィート余り、二時間くらいのものに仕上げる予定です。編集が勝負だね」と勝算ありといいたげだ。

（「スポーツニッポン」一九六四年九月十五日付）

編集中も『飢餓海峡』と『怪談』という二本の超大作への出演のほか、テレビドラマへの出演など、三國が超多忙であったことが分かる。

撮影したフィルムが四〜五万フィートというのは当時としては破格の長さだろう。特に三國がデビューした松竹はメジャー五社の中でも使用するフィルム量が少ないことで有名で、そのためスクリプターがおらず、助監督がシートをとることになっている。助監督のうちにシートをとることを経験して監督になれば、つながりを考えた効率的な撮影をする能力が養われて、無駄にするフィルムが少なくなるという論法である。長年、松竹の編集を担当した浦岡敬一の助手だった大島ともよによると、松竹出身の大島渚のラッシュ・フィルムは無駄がなく、そのままつなげればよかったという。

三國にこのような贅沢が許されたのは、自分のプロダクションで製作しているからどこからも文句が出ないということもあるが、思いつきで撮影を続けていったため、撮影したが使わない場面が多く出てしまったことも、その理由のひとつとしてある。そのほかワンテイクでオーケーを出さず、ねちっこく何度もテイクを重ねたことも一因になっているかもしれない。とかく異業種の初監督作というのは、不安で何度もテイクを撮り、キープ・カットが増える傾向にあるようだ。ワンテイクでOKというクリント・イーストウッドはむしろ例外なのである。

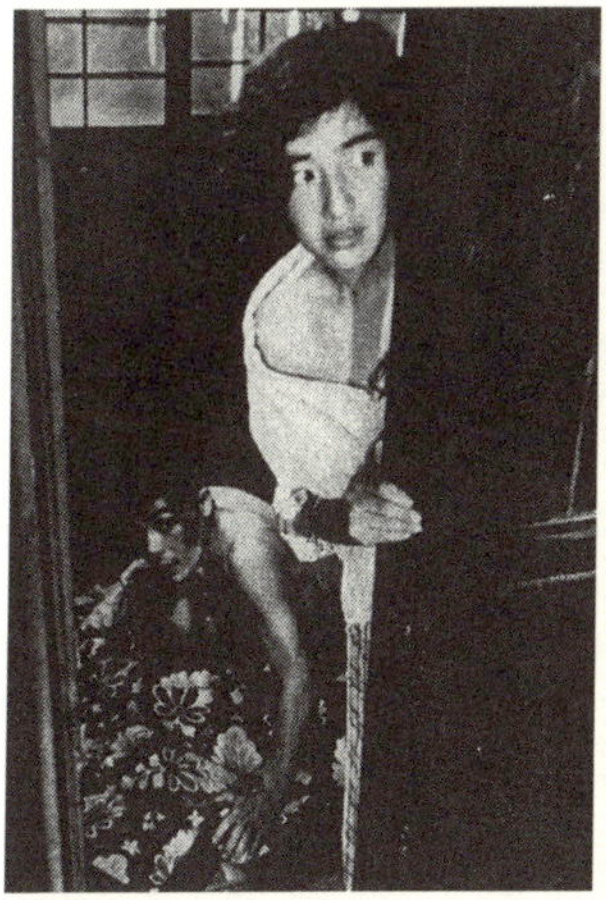

【図6】

【図7】

【図8】
以上3点『台風』より。

ともあれ撮影をあと数日残すだけになって、封切日はおろか配給さえ決まってないとはいえ、編集作業は急ピッチで進められ

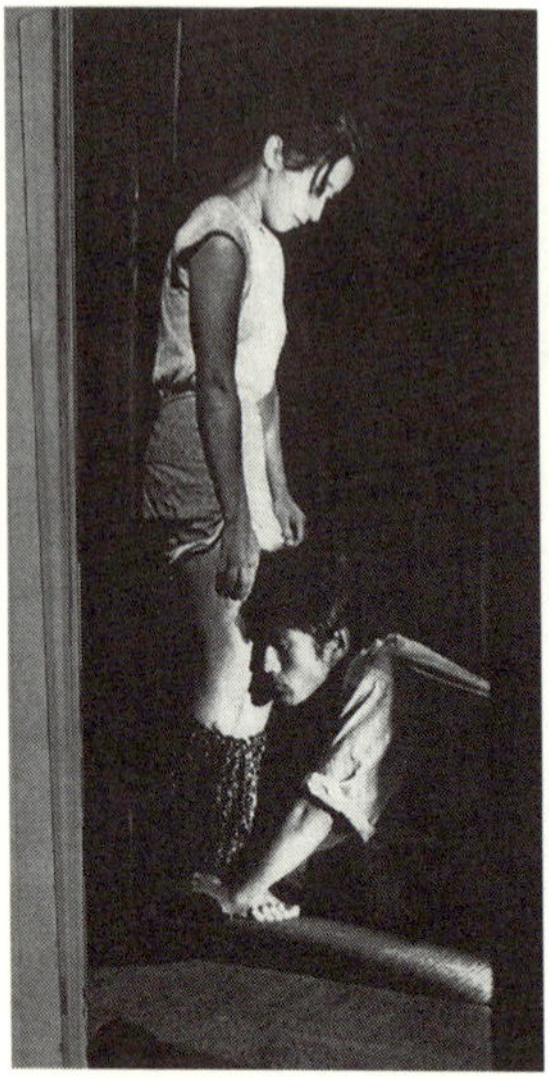

【図11】
以上3点『台風』より。

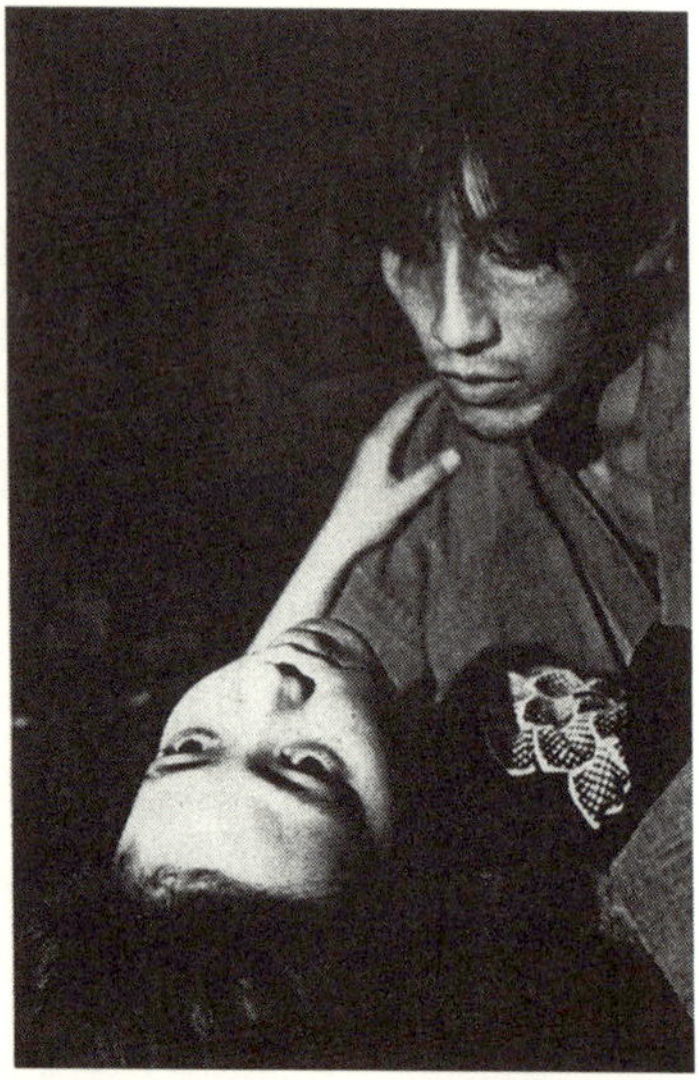

【図9】

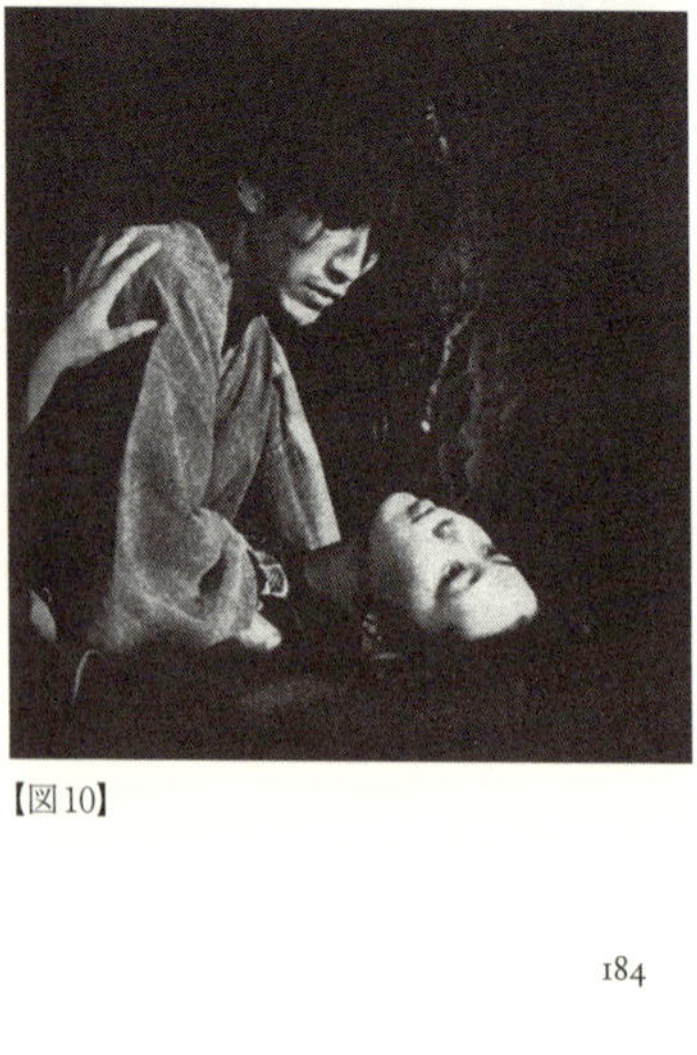

【図10】

た【図6～11】。

早くも次回作の構想を

『台風』を完成させた三國連太郎は上機嫌で一九六五年の新年を迎えた。

カンヌ映画祭に出品するために四月二十九日に渡仏するほか、ベネチア映画祭など各種の国際コンクールに出品する予定です。劇映画の第2作はガンをテーマにした『死よ、おごるなかれ』で六月に撮影開始、年内いっぱいで完成予定です。台本もこれからの段階ですが、ジョン・ガンサーの同名の小説と宗教学者岸本英夫さんの「闘病記」をもとにしてシナリオ作りをするつもりです。今度はボクが主演をするかもしれないし、また監督をやるかも知れない。その辺はまだ白紙ですが……。

（「日刊スポーツ」一九六五年一月一日付）

昨年、独立プロを作って自主作品『台風』を製作、監督した三國連太郎は、こんどは東映の映画を監督しようと構想を練っている。その作品は昨年秋「オール讀物」にのった明田鉄男の「月明に飛ぶ」。翻案ものの時代劇。東映の了解をとりつけるのはこれからのようだが、三國の腹案としては仲代達矢を主演にして自分もワキ役で出演する。「武士の社会に疲れた若侍が美しい妻をつれて瀬戸内海の孤島にくるんです。そこで新しい平和な生活をはじめようとするが、妻が下郎と密通する。そこで再び剣をとってふたりを成敗してしまう——という人間くさいドラマなんです」と三國は説明する。原作権もまだ正式に買ってないようだが、映画化の構想は着々とすすんでいる。「主演には仲代達矢君をぜひと思っているんです。彼とは少々つき合いがあるし、なんとかくどいてみようと思って……。そのほかキャストはまだ考えてませんが、わたしも密通する下郎の役をやりたいんです。七人の人間だけが孤島でくり広げるドラマだし、オールロケーションにすれば金はかからないと思います」

（「中日スポーツ」一九六五年一月十一日付）

あきれるほかないタフネスぶりと言おうか、懲りない人と言おうか。

しかしながら、ここで三國が「若侍の妻と不義密通をする下郎の役を自作自演でやりたい」と言ったことに注目したい。『台風』の撮影を通じて燃え上がった三國と志村妙子の不倫愛は、のっぴきならない状態を清算したばかりだったからである。

愛欲の後始末

『飢餓海峡』の北海道ロケは、前年一九六四年の九月九日から始まっていた。主役の三國は、『怪談』と自作『台風』の撮影をかかえていたが、その間を縫うようにして『飢餓海峡』の北海道ロケに向かった。

『台風』の撮影中から三國とはすでに半同棲状態にあった志村妙子（＝太地喜和子）は、『台風』での自分の出番が終わり、三國が『飢餓海峡』の撮影のために北海道に赴《おもむ》くと、三國を追って、函館にやってきた。

太地は三國が借りたアパートに押しかけ、そこで何をするのでもなくただただ激しい嫉妬に身悶えしながら、ガランとした部屋で撮影を終えて帰宅する三國をじっと待った。彼女が嫉妬した相手は三國の当時の妻ではなく、『飢餓海峡』で三國が演じた犬飼多吉に思いを寄せる杉戸八重という役に対してだった。当時、太地喜和子二十歳。

三國は次第に太地の貪欲な愛情を息苦しく重荷に感じ始め、太地と別れることを決心し、彼女を青函連絡船で帰す。そのときの様子を太地は次のように後年回想する。

あれは彼が『飢餓海峡』のロケで北海道に行ったときだった。あのときひとりぼっちになるのがとても寂しくて、彼に頼んで北海道へ連れて行ってもらったの。それがわたしたちの最後の旅だったのね。東京からの電話で、わたしが先に帰京しなければならなくなると、飛行機ぎらいの彼は、わたしに汽車で帰れ、と強くいったの。それでしかたなく青函連絡船に乗ったら、ボーイが「お客さまにお届けものです」って、紙袋を届けてきたの。変だな、と思いながら開けてみると、ロケ中に彼が毎日着ていたVネックのシャツが「疲れた」というメッセージとともに入っていたの。彼の匂いがいっぱいしみついていたわ。そんな形で、彼はわたしにサヨナラをいったのね。あのときほど泣いたことはないわ。船室で、彼のシャツに顔を埋め、彼の匂いを胸いっぱい吸い込みながらおもいっきり泣いたわ。(「週刊ヤングレディ」一九七六年十一月九日号)

その後、志村妙子は芸名を本名の太地喜和子に戻し、舞台での代表作の一本といえる『飢餓海峡』(木村光一演出)で、かつて彼女が嫉妬した杉戸八重を自ら演じることになる。一九七二年のことである。

ちなみに前出の「週刊ヤングレディ」のほか多くの雑誌で、太地は後年になって自分の男性遍歴をあっけらかんと実名を挙げて話しているが、実名を出された芸能人の中で、それを認めたばかりか太地と対談までして当時を回想したのは三國連太郎ただひとりであった。

『台風』完成と試写

『飢餓海峡』の北海道ロケは一九六四年十月十九日、犬飼多吉が弓坂刑事（伴淳三郎）に連行される連絡船の上から投身自殺する場面でクランクアップした。

この場面をめぐって、本当に船から海へ飛び降りろと命じる吐夢に三國は「殺す気か！」と逆らい、一時二人の仲は険悪な雰囲気になった。

『飢餓海峡』はさらに十月下旬から東京のオープンセットに移って撮影が続けられた。そして先述した十一月上旬の三國の病気による一時リタイア、『怪談』への出演、怪我、『台風』の撮影の追い込みへと続く。

『台風』の話に戻る。

一九六四年十二月に完成した『台風』は、一九六五年一月に映画評論家を始めとするマスコミ試写が行われた。まだどのような形で東映側が配給・公開するのか決まっていないため、ごく一部の限られた試写だったようである。

『台風』を試写で見た映画評論家の中に小森和子がいた。小森は当時「日刊スポーツ」の新作映画紹介欄を担当していた。

三國連太郎の第一回監督作で、山に囲まれた小さな部落が舞台。貧しい人たちにもそれぞれに悲喜があるが、一夜の台風は部落を恐怖と貧困のどん底に落とす。村人は山の立ち木を切り生活の糧《かて》にするしかない。そこで製材所のボスと村民が対立。村民は本家にその交渉を一任するが、本家とボスの結託で、村民は本家組と組しない者に二分され、とどのつまり弱い者は抹殺され、悪ボスがはびこる。天災をもとに貧しいがゆえに無知な人々が、いかに悲惨な生活に追い込まれるか。そこには法もなく欲望だけが渦巻く。社会悪をつこうとした三國の意図は偉とするが、かんじんな法の盲点など話（脚本・春田耕三）がわからぬのが難。出演者過剰も混乱をまねき、〝船頭多くして……〟の結果になってしまったのは惜しまれる。演出にはひかる箇所も見られるが、製作意欲と実際のむずかしさを痛感させられた。（一時間四十五分）

（「日刊スポーツ」一九六五年一月十七日付）

この批評からは問題になった三木弘子の自慰場面が結局カットされたのかどうか不明だが、ほかの記事を探してもそれらしい記事を見つけることはできなかった。ただこれ以上の大きな騒ぎにはならなかったようである。

三國は東映側に『台風』を見せて、配給・公開の方法について交渉を重ねる一方で、続いて東映『にっぽん泥棒物語』の撮影に入った。

野村芳太郎が監督する予定の松竹映画『白い闇』、山本薩夫が監督する大映作品『スパイ』、今村昌平が自らの芝居『パラジ』を映画化する日活作品にも出演がオファーされていた。そのほかにも松本清張原作の連続テレビドラマに主演することが決まっていた。問題ばかり起こしているのに、相変わらずの売れっ子ぶりである。

これらの作品の中で、三國主演で映画化が実現するのは、『パラジ』をもとにした『神々の深き欲望』（68、今村昌平監督）だけだったが、三國はこれでベルイマンとともに演出のお手本とした今村昌平の作品に初出演を果たすことになる。だが『にっぽん泥棒物語』以外は、本数契約中である東映作品でないことは偶然なのか。

一方、『台風』を社内試写した東映側は、この映画の配給を請け負うことに難色を示し始めていた……。

『飢餓海峡』と『怪談』

三國連太郎が悪戦苦闘しながら初監督作品『台風』を完成させた頃、三國が『台風』と同時進行で掛け持ち出演していた映画に大きなトラブルが発生していた。

予定より大幅に遅れ、撮影に通算百三十日かかった『飢餓海峡』は、ようやく一九六四年十二月にクランクアップした。

予定フィート数は一万三千フィート、時間にして二時間二十四分二十七秒。ところが完成した作品は、一万七千二百八十二フィート、時間にして三時間十二分一秒になった。当初の予定より約四十八分長い。しかし東映側は地方上映では二本立て興行をするため、これでは困ると判断し、吐夢に無断で約二十五分カットし、二時間四十六分四十七秒にまで縮めた。これを知った吐夢は激怒。

マスコミもこの騒動を嗅ぎつけ、「飢餓海峡のカット事件」として大々的に新聞に取り上げ、吐夢の肩を持つ映画人の談話を載せた。談話には三國連太郎、左幸子を始めとする『飢餓海峡』の出演者のほか、中村錦之助らが名を連ねた。

騒ぎの大きさに驚いて、急遽大川博東映社長は吐夢と面談をし、復元を認めたが、なぜかカットした二十五分を元通りにする完全復元ではなく、カットしたぶんの半分だけ復元した三時間三分になった。これが現在流通している、いわゆる〝完全版〟の『飢餓海峡』である。

この〝完全版〟は都市部四館では一九六五年一月十五日から上映されたが、地方では併映作品の兼ね合いからカット版を上映する小屋もあった。吐夢はこの騒動で東映に不信感を持ち、東映の専属契約を辞めることになる。

この「飢餓海峡のカット事件」については、『飢餓海峡』の助監督で、東映の要請で完成作品にハサミを入れた太田浩児が『夢を吐く　人間内田吐夢』（社会思想社、一九八五年）に詳述している。

もう一本、三國が『台風』と掛け持ち出演していた大作『怪談』も、大幅なスケジュールの遅れと予算の超過に悩まされていた。

そしてようやく『飢餓海峡』とほぼ同時期の一九六四年十二月に完成。一九六四年十二月二十九日から東京の有楽座で先行ロードショウされ、翌年一月から一般公開された。だが興行的には大惨敗。製作会社の文芸プロダクションにんじんくらぶは三億五千万円の負債をかかえて倒産した。

配給で頓挫する

一九六五年一月、三國連太郎は完成した『台風』を配給する約束を事前にしていた東映で試写を行うが、東映側からは色よい返事を得られなかった。

東映は配給を断った理由として、当初示されていた内容と完成した作品とが大きく違っていたこと、作品の質が水準を満たすものでなかったことを挙げた。

確かに巨大台風に襲われ、孤立した村に住む村人たちの極限的状況と、そこに救援物資を運ぼうとする運送業者たちの必死の努力を描くとされたはずの映画は、プロデューサーを兼任する監督・三國連太郎の思いつきでどんどん内容が変わっていき、村を牛耳る有力者と貧しい村民との対立、内輪揉めという物語になってしまったことは、すでに書いたとおりだ。

ここまで大きく内容が変わってしまっては、いくら事前に約束を取りつけていたとはいえ、配給を断られても仕方がないだろう。

だが、東映側としてはそもそも自社の契約下にある俳優が独立プロを作ることは認めていなかったのだから、三國が日本プロを創立したことをあまり歓迎していなかった。それだけでなく芸術祭に参加予定であった大作『飢餓海峡』の撮影が遅れたのも、三國に大きな責任があるわけだし、東映としては三國にお灸をすえる必要があったかもしれない。

だが三國も東映との契約は他社出演も認める本数契約であるから、他社出演もできるとばかりに、『台風』配給の交渉を有利に運ぶため、この時期やたら他社出演に秋波を送り、その可能性についてマスコミを通じてほのめかしたことは、具体的な作品名を挙げて先に触れたとおりだ。しかしそれでも東映は『台風』を配給することを断ってきた。

仕方なく三國自ら配給を取りつけるべく松竹や日活などメジャー他社と交渉するが、これも実らなかった。弱体化したとはいえまだまだ五社協定が効力を発揮していた時代である。東映で拒否された作品の配給を、それもかつて自社に後ろ足で砂をかけるようにして辞めて、他社に走った五社協定違反第一号の俳優が独立プロで製作・監督した作品である。そう簡単に配給を引き受けるはずがない。

またスポンサーである日通にしても、当初からころころとストーリーが変わっていき、災害時の運送機関がどれほど重要なのかという主旨がなくなってしまったことに大いに不満だったらしく、配給を求めて奔走する日本プロ社長の沢野祐吉に日通サイドから強い圧力がかかった。なにしろ製作期間約一年、製作費六千万（日通が三千六百万円、日本プロが二千四百万円出資）をかけた作品が、お蔵になることが濃厚になってきたのである。

メジャーで配給する道は断たれ、あとは自主配給しかないのだが、当時は現在のような自主配給ルートを持っているのは共産党系の独立プロだけだった。その独立プロでさえ、盤石な協定を確立したメジャー五社の圧力で、五〇年代のように自由に活動することが困難になってきており、六〇年代にはかつて独立プロを牽引した山本薩夫は大映、今井正と家城巳代治は東映と、それぞれ契約を交わし、五社に取り込まれていた。

三國は『台風』の配給上映がもはや絶望的になった責任をとって日本プロを退社することになり、莫大な借金を背負うことになった。腹の虫が収まらないのは日本プロ社長の沢野である。

「高い授業料でした。しかしこのまま引き下がったのでは実業家としてのわたしのプライドが許さない。そこで新しく作り直すことになったのです」と沢野氏。「日通との契約が残っているのでこんどの作品も運輸機関の重要性をテーマにした劇映画です。いま三人のシナリオ・ライターに五本の脚本を書いてもらっています。そのうちでいちばん良いものを選んで七月末までにシナリオを完成、八月いっぱいに撮影して九月公開の予定です。主演スターとの交渉もすでにはじまっていますし、上映ルートも撮影開始前にキチンと契約します。前回失敗した点はすべて改めてやります」。出演スターの候補は仲代達矢、池部良、三木のり平、西村晃などで配給ルートとしては松竹が有力。そこで問題になるのが三國と日本プロとの関係だが、沢野氏は「三國さんはいまでもウチの役員ですが、会社に莫大な損害をかけた以上、商法上からもおもわしくない。こんごは絶縁します」と語っている。こうして過去一年間、数々の話題を残した『台風』も公開中止というかたちで終止符が打たれ、日本プロは再スタートの段階に入った。

（「日刊スポーツ」一九六五年五月十四日付）

新たな企画

日本プロでは『台風』に代わる作品をベテラン脚本家・長谷川公之に依頼し、『重い札束』という題名のアクション映画を製作することに決定する。

日本プロ（沢野裕司社長）は九日、さきに公開中止と決めた第一作『台風』の代作として、日通との提携作『重い札束』（脚本長谷川公之）を九月、撮影開始で製作することを正式に決めた。この作品は、新潟大震災（注：一九六四年六月十六日に新潟で発生したM七・五、最大震度五の地震。死者二十六名）を舞台に、救済用にと多額の現金を運ぶトラックと、それを乗っ取ろうとたくらむ四人組のギャングを描いたアクションで、仏映画『恐怖の報酬』の日本版をねらうもの。主演のトラック運転手には池部良か渥美清、監督が村山新治氏に交渉中で、八月末、台本完成後に正式決定する。九月撮影開始、十一月完成の予定だが、まだ公開ルートは未定。

【沢野裕司社長の話】 前回の失敗にこりてこんどは脚本にみっちり時間と手間をかけることにした。脚本家のほかに作家、自動車、心理学の専門家に助言を頼み、内容も、たとえばガソリンの中に角砂糖を入れると自然にエンストするといったような専門知識をふんだんに入れて面白いものにしたい。わたしとしては日通との契約も残っているので、どんなことがあっても良心的な作品を完成させる。

(「日刊スポーツ」一九六五年七月十日付)

『台風』が本来目指したプロットに娯楽色を加味したアクション映画という感じの作品である。だがこの企画は実現しなかった。日本プロは結局スポンサーの日通との契約を履行しないまま倒産・解散してしまう。

映画芸術協会

とはいうものの、有名俳優が初監督した作品で、女優の自慰場面でスキャンダルまで巻き起こした話題作である。このままお蔵入りにしておくのは勿体《もったい》ないとばかりに声をかける目ざとい者がいた。映画芸術協会なる会社である。

東宝争議の最中に、本木荘二郎、黒澤明、成瀬巳喜男らが設立した団体と同じ名称、はたまた古くは帰山教正が日本映画史上で最初に女優を起用した『深山の乙女』（19）を製作した会社とまったく同じ会社名だが、それらとは天と地ほど異なる別会社。

この映画芸術協会は、一九六一年九月、資本金三百万円で創立された製作会社で、いわゆる〝エロダクション〟と呼ばれるピンク映画を製作する会社だった。大体、この時期乱立した〝エロダクション〟には「芸術」という単語をつけているプロダクションがやたら多く、件《くだん》の映画芸術協会の他にも、第8芸術映画プロとか日本芸術映画とか、製作するピンク映画が芸術作品であるかのように自己正当化する製作会社が数多く存在して、その中には清水宏監督の「若旦那」シリーズで売り出した藤井貢が主宰する東京芸術プロダクションなんていう製作会社もあったほどである。

〝エロダクション〟の映画芸術協会の名をもっとも知らしめたのは、新藤孝衛監督の社会派ピンク映画の傑作としてピンク映画史上に名を残す『雪の涯て（改題：青春０地帯）』（65）を製作したことだろう。その後ピンク映画から足を洗い、劇団・天井桟敷に入団し、寺山修司のミューズとなる新高恵子の代表作でもある。

ちなみに、この映画は、現在、フィルムの所在が分からなくなっているが、私は高校生のとき、名古屋の大須名画座で日活ロマンポルノと一緒に見て「これがピンク映画の古典的名作かぁ！」と尻の割れ目さえ見えないのにがっかりするとともに、集団就職に失敗した男女が過疎の進む故郷の離村農家に帰り、雪に埋もれた廃屋の囲炉裏端で抱き合う場面にしんみりしたのだった。

閑話休題。

三國連太郎が監督・製作した日本プロ『台風』は上映ルートがないままに公開中止となっていたが、このほど映画芸術協会に売り渡され、『腐肉の群れ』と改題して、公開される見通しになってきた。同作品は日本プロ（社長沢野裕司氏）が日通と提携して製作したもので、東映その他から配給を断られ、四千五百万円（原文ママ）かけて製作したものの宙に浮いたかたちになっていた。映画芸術協会（代表・植葉昭雄氏）

は『雪の涯て』など数本を製作している〝エロダクション〟だが、同作品のタイトルの一部を変更、すでに映倫から成人映画に指定を受けて審査を終了している。問題になるのは上映ルートだが、ピンク映画系のルートでは製作費の回収が半分以下になるので、当然五社のルートがねらわれるものとみられている。

（「日刊スポーツ」一九六五年七月四日付）

ところでピンク映画における一九六五年とはどのような年であったのか。

ピンク映画第一号と呼ばれる『肉体の市場』（小林悟監督）が協立プロという独立プロダクションで製作され、警視庁から摘発を受けたのが一九六二年である。

『肉体の市場』以前にもエロ映画は数多くあったが、警視庁から摘発を受けたことにより、『肉体の市場』はピンク映画第一号の称号を受けることになった。以後、雨後のタケノコのようにピンク映画を製作する〝エロダクション〟が乱立する。一九六四年にはＴＢＳのディレクター今野勉が国映で『裸虫』を監督し（クレジットには「演出・グループ創造」とだけある）、芸術祭に出品しようとするが門前払いを食らわされ、続いて俳優の伊豆肇も国映で『おんな』を監督する。このように著名人もピンク映画に参入している時代だった。若松孝二というエース監督も登場した。

一九六四年には二十社程度だった〝エロダクション〟は一九六五年には約九十社へと膨れ上がる。四月には大蔵映画を中心にして七社が集まり、ＯＰチェーンが発足する（これに対抗して、新東宝、国映が中心になって九月に独立チェーンができるが、すぐに分裂する）。衰退する日本映画界の中で、一九六五年に製作されたピンク映画は約二百本以上を数えるほど隆盛の時代を迎えていた。

切り刻まれた『台風』の行方

映画芸術協会が買い取り、『腐肉の群れ』と改題された『台風』はどうなったか。残念ながらその記録はほとんどない。撮影中にはあれだけ『台風』を取り上げたスポーツ新聞も〝エロダクション〟が買い取ったことを伝えたのを最後にぷっつりと記事を載せなくなった。

現在のところ封切りの広告や番組表も発見できていない。それどころかピンク映画史を著した書籍や記事でさえ『台風』や『腐肉の群れ』のことについて触れてあるものは皆無なのだ。

その中で次の一文は知りうる限りにおいて唯一の記事である。

また、ここに妙な作品がＯＰチェーンにのった。三國連太郎の監督デビュー作『台風』は、製作費四千万円で〝日本プロ〟が完成させたが、邦画五社系にことわられ、ついに陽の目を見ずに終わってしまった。もともと、日本プロのスポンサーが日本通運だったので、スポンサーのみが損する結果となったが、これを再編集して、ラブ・シーンを撮り足し題名も『腐肉の群れ』とつけ、ＯＰチェーンで封切った。余りにもお粗末な始末記だった。

（後藤和敏「栄枯盛衰　ピンク映画八年史」、「シナリオ」一九七一年十二月号）

したがって、その『腐肉の群れ』にどの程度『台風』が切り刻まれて流用されたのかまったく分からない。

スキャンダルになった三木弘子の自慰シーンは流用されたのか。ほか山本学ら、有名俳優が多数出演しているが、その場面は使われているのか。肖像権はどうなっているのか。クレジットに〝三國連太郎〟や〝山本学〟や〝志村妙子〟の名前はあるのか、等々。疑問に答えるすべはない。

ウェブ上の「日本映画データベース」には『腐肉の群れ』という三國連太郎監督作品が一九六五年六月に封切られたと記載があるが、調べてみたもののその証拠は見つけることができなかった。

似たような題名でこの年の九月に国映系で封切られたピンク映画に『腐肉の喘ぎ』がある。青年芸術映画協会製作、脚本・白井明、監督・新藤孝衛、出演・新高恵子、野上正義、金沢重勝、佐伯秀男（！）となっている。

この年、創刊されたピンク映画の情報誌「成人映画」にも『腐肉の喘ぎ』の記事はあるが、『腐肉の群れ』はない。

この二本の映画が同じもので、題名が混同されたということも考えうるので『腐肉の喘ぎ』の解説を読んでみたが、どうもピンとこない。

だが、『台風』が〝エロダクション〟に売り渡され、切り刻まれ、そのことを逆手にとってプロダクション側が大きく宣伝するわけでもなく、ひっそりとピンク映画として封切られたことだけは状況証拠から見ておそらく確かなのだろう。

『松本清張アワー』

三國連太郎がこの一連の騒ぎにどう決着をつけたかだが、『台風』のメジャー配給が絶望的になった段階で、三國は自身が設立した日本プロの役員を辞しただけでなく、東映との恵まれた条件での専属契約も打ち切りにして、再びフリーになることを選ぶ。

ここが三國連太郎という役者の不思議なところだ。その後も三國はフリーの立場で東映の作品に出演するから（『脅迫《おどし》』、『愛欲』、『地獄の掟に明日はない』等）、『台風』を配給するという約束を反故《ほご》にした腹いせに東映との契約を打ち切ったわけではなく、単に任俠映画路線へとシフトチェンジする東映の製作方針に対して、「やくざ映画は自分の柄ではないし、会社の企画に従わない役者が残っても仕方がない」というのが、フリーになる理由だったらしい。

フリーになった三國は、松本清張原作の一話完結（三十分）テレビドラマ「松本清張アワー」（関西テレビ）全十三回に主演する。

女優の名を冠にしたテレビドラマは数多くあるが、男優の名を冠にしたそれは珍しく、それも原作者の名を冠した一話完結の連続テレビドラマに通して主演するというのは稀有なことだった。

「松本清張アワー」（途中から「松本清張シリーズ」に改題）全十三回のデータを調べてみると、第九回「或る〝小倉日記〟伝」（一九六五年十二月七日放映）、第十一回「青のある断層」（一九六五年十二月二十一日放映）の脚本担当に、『台風』の脚本を担当した春田耕三の名がある。

エピローグ

「松本清張アワー」には原作の選択やキャスティングなどに対して三國の意見も強く反映されたようで、三國は「最高に面白く、質のいい十三本をつくります。そのために、ディレクターと一緒になって脚本家やタレントの交渉にあたりました。必ず喜んでいただけると思います」（「週刊TVガイド」一九六五年十月五日号）と意気込みを述べた。したがって、脚本家に『台風』の脚本を執筆した春田耕三の名前があるのも、三國の推挙によるものだろう。

この後、「松本清張アワー」は衣替えして、一九六五年一月十一日から同枠で松本清張原作の一話完結の新シリーズが始まり、今度は毎回主演の俳優が変わるというスタイル

（全十八回）になるが、そこには三國は出演していない。

しかし春田耕三はそこでも何本かの脚本を書いている。春田が脚本家デビュー作として執筆した『台風』の脚本は、何度も改稿させられ、撮影中に改竄され、やっと完成した映画はお蔵入りになり、切り刻まれ、ひっそりとピンク映画として封切られた。「松本清張アワー」への起用は、そうした春田へのせめてもの三國からの感謝の印だったのだろう。だが春田はそのチャンスを生かすことはできなかったようだ。ほかの映画やテレビドラマに春田耕三の名はない。彼もまた『台風』騒動に振り回された被害者の一人なのかもしれない（春田耕三〔一九三八～〕は、その後一九九三年に「岳宏一郎」名義の時代劇小説家に転身）。

ちなみに、この「松本清張アワー」に主演する三國が相変わらず役に入れ込み、周囲から変人・奇人扱いされるさまを、竹中労が紹介している。

六十五年、関西テレビ〝松本清張シリーズ〟の録画中、浮浪者の心理研究と称し、ザンバラ髪のオンボロ衣装で深夜の街をうろつきまわり、アベックをおどかして交番に駆け込まれ、あやうく逮捕されそうになる。また別の番組では、マンジュウを食うシーンが気に入らずテストを繰り返して、とうとう十八個も食ってしまった。

（竹中労「放浪魔人・三國連太郎」）

以上で、三國連太郎『台風』顚末記は終わる。

最後にちょっとしたエピソードを披露したい。

今はもうない配給会社・シネセゾンがジョン・カサヴェテスを連続上映したことがあった。一九九三年のことである。

私が京橋にあるシネセゾン試写室（現在の京橋テアトル試写室）に『こわれゆく女』（73）を見に行き、いちばん前列の席に座ると、わたしの隣に三國連太郎さんが座った。聞こうと思ったわけではないが、耳に入ってくる配給会社の担当者との話はなかなか興味深いものだったが、それはプライベートに関わることなのでここでは書けない。

その日から連日、三國さんはカサヴェテスの映画を見に来ていた。

「ベルイマンとカサヴェテスとどちらが好きですか？」とか「『台風』は三國さんの初プロデュース作品で初監督作品だから、実は密かにネガは持っていらっしゃるんじゃないですか？」などと、私は質問したくてウズウズしていたが、結局『台風』については何ひとつ聞けずじまいだった。

それから年月が流れ、二〇〇八年、紀伊國屋書店が発売する「大島渚　DVD-BOX」に収録される『飼育』に関して、ようやく三國さんに取材する機会を得た。

『飼育』と大島渚監督について取材を終えると、私は持参した『台風』の撮影台本を取り出してサインをねだった。三國さんは驚いたような顔をして、「あなた、どこで手に入れたのですか」と私に訊ねた。ネットオークションで入手した旨を伝え、台本の扉にサインをする三國さんに「私、名古屋の出身です」と言ったところ、三國さんは顔を上げて「ほう」と呟き、「これは伊勢湾台風の話でね」と言った。そこで近いうちに改めて『台風』について伺いたいと取材のお願いをして、快諾を得た。

その後マネージャーとは何度も話したのだが、なかなか日程の調整ができず、私が怠惰にかまけているうちに、先に佐野眞一による『怪優伝』（講談社）が刊行された。あとがきを読むと、本としての体裁はできていたが、二〇一一年に起きた東日本大震災の影響で刊行が大幅に遅れたと書かれてあった。一読し、『台風』にも『岸のない河』にも触れてないことを確認したが、すでに三國さんは体調を崩していたようで、マネージャーも退職してなかなか連絡が取れず、そして三國さんは亡くなってしまった。

今となっては本人に直接『台風』について詳細に聞くことができず、そのことを残念に思うばかりである。

第六章　テレビ・ディレクターが撮ったピンク映画

国映からの依頼

一九六四年、文部省（当時）主催の芸術祭に一本のピンク映画の出品をめぐり、ちょっとした騒動があった。映画を製作したのはピンク映画の老舗製作会社国映で、作品のタイトルは『裸虫』という。監督は「グループ創造」という集団名になっていたが、現在ではこれはテレビ・ディレクターの今野勉の変名ということが明らかになっている。

最初に今野勉のプロフィールを簡単に紹介しておこう。

一九三六年秋田県に生まれ、一九五九年、東北大学を卒業すると同時にラジオ東京

（現・東京放送＝ＴＢＳ）に入社。テレビ演出部に配属される。同期に、村木良彦、並木章、高橋一郎、中村寿雄、のちに作家になる阿部昭、同じくのちに映画監督に転身する実相寺昭雄がいる。まだ民放が放送を開始してから四年目というテレビ草創期だった。今野はイタリア賞大賞を受賞した「土曜と日曜の間」（64）、「七人の刑事」（65～68）など今では伝説的になったドラマの演出に携わる。一九七〇年、ＴＢＳの仲間二十五人と共に同社を退社し、日本初の独立系テレビ番組制作会社、テレビマンユニオンを創立する。読売テレビ「遠くに行きたい」（70～76）、ＴＢＳ「天皇の世紀」（73）、日本テレビ「欧州から愛をこめて」（75）、ＴＢＳ「海は甦る」（77）、ＮＨＫ「童謡詩人金子みすゞの世界」（95）などを演出。一九九八年の長野オリンピックでは、開会式・閉会式のプロデューサーを務めた（会場演出・映像監督）。一九九八年から二〇〇五年まで武蔵野美術大学映像学科主任教授。以後、テレビマンユニオン取締役最高顧問、放送人の会代表幹事などを歴任。

このプロフィールに照らし合わせると、『裸虫』が作られた一九六四年というのは、今野がＡＤからディレクターに昇格してまもない頃ということになる。

一九六二年、待田京介が推理小説作家を演じる「月曜日の男」を初演出。続いて「純愛シリーズ　ガラスのヨット」（63）で本格的にディレクターとして一歩を踏み出す。次いで「太陽をさがせ」(64)にとりかかる。これは、「家庭裁判所の少年調査官の活動を描いた作品。全26回シリーズの予定で先行制作されていたが、スポンサーがついていなかった。主演の佐田啓二の事故死により急遽完成していた5回分を金曜劇場の枠で放送した」(「テレビドラマデータベース」、二〇一六年二月二十九日閲覧)というものである。

今野勉がその五作目を作っているころ、「月曜日の男」の脚本家であった浅間虹児から、映画を撮らないかと持ちかけられたのだという(今野勉『テレビの青春』NTT出版、二〇〇九年)。

「ピンク映画を撮らないか」という話ではなく、「国映というピンク映画を作っている会社が五百万円出すから何を作ってもいいと言っている」というのが浅間さんの最初の話でした。内容について国映側からはとくに注文はありませんでした。

(今野勉から筆者へのメール、二〇一六年一月二十九日付)

スタッフ&キャスト

浅間虹児は、前述の「月曜日の男」のほか、TBS「七人の刑事」、CX「三匹の侍」（66〜67）、ABC「悪一代」（69）、ABC「白頭巾参上」（69〜70）、NTV「白獅子仮面」（73）、NET「破れ傘刀舟　悪人狩り」（74〜77）、ABC「必殺仕置人」（73）などで健筆を振った脚本家。

彼にはもうひとつの顔があって、草創期のテレビ業界でフリーで働く人のご多分に漏れず、草創期のピンク映画にも関わりを持っていたらしく、ピンク映画第一号といわれる『肉体の市場』（62、小林悟監督）の脚本を書いている。映画ではほかにプロボクサー藤猛の半生を自作自演で描いた『藤猛物語　ヤマト魂』（68、関川秀雄監督）などの脚本にも名がある。

今野によると、浅間は今野の「月曜日の男」を国映に見せて、「この男は映画が撮れる」と売り込んだのだという。ピンク映画を作るというのが国映側の注文だが、内容は自由でいいという（『テレビの青春』）。予算は前記したように五百万円。この金額は当時のピンク映画の平均からすると倍程度ではないだろうか。

撮影期間は二週間。だが、当時のテレビ局は、外部業務を認めていなかったため、「グループ創造」という匿名の集団名で監督することになった。

浅間から話を聞いた今野は、浅間と相談して「漁村から新宿の繁華街にでてきた少女とそこで出会った少年の恋物語。都会と土俗がテーマ」の映画を作ろうということになった（『テレビの青春』）。タイトルは『裸虫』。

裸虫とは、「羽や毛のない虫。また、特に、人間のこと」（『大辞泉』）を意味する。今野と浅間はこの言葉に「飛べない虫」という意味をこめた。当時のプレスシートの惹句には「底辺にうごめく二匹の裸虫！　焦燥感と反抗の十代が綾なすおゝらかな性の神話！」とある【図1】。

【図1】『裸虫』プレスシート。

企画に名のある菜穂俊一とは、ナオプロダクションやワールド映画製作のピンク映画のプロデューサーを務めた人物で、のちに山下治の名で約三十本のピンク映画を監督する人物である。現在見ることのできる作品は、俳優として出演した若松孝二の『日本暴行暗黒史・暴虐魔』（65）で小平義雄をモデルにした連続暴行魔を演じているほか、監督作としては『新・情事の履歴書』（67）がとくに有名。

撮影の秋山海蔵は、テレビ番組の撮影を担当するかたわら、『激しい女たち』（63、若松孝二監督）、『悪のもだえ』（63、若松孝二監督）、『独立グラマー部隊』（64、小川欽也監督）などのピンク映画の撮影も手掛けている。

劇中に、歌舞伎町のコマ劇場前の広場が映り、新宿オデヲン『鮫』（64年6月27日封切、田坂具隆監督）、新宿ミラノ座『ゼロの世代』（64年7月4日封切、パオロ・カヴァラ監督）の看板がチラッと見えることから、撮影時期は一九六四年の七月初旬から中旬であることが分かる。

今野のＴＢＳの夏休みを利用して製作されたものだという。

一九六四年といえば東京オリンピックの年であるが、別の場面では背景に突貫工事で建設中の代々木体育館が映り、杭打ちをする工事の音が聞こえるなど、今見るとかなり同時代のアクチュアリティが背景に見えるが、これはとくに意識しなかったという。

地方からの出稼ぎ、という社会背景のために工事現場を探したら近場に（建設中の）代々木体育館があった、という感じです。

（前掲二〇一六年一月二十九日付メール）

主演の朝倉宏二、大須賀美春は、今野が演出した「七人の刑事」にチョイ役で出演しているのを今野自身が抜擢した。

なお、後年『㊙湯の町　夜のひとで』（70、渡辺護監督）で主演を演じるなど、ピンク映画の名脇役として活躍する大月麗子も、古賀京子の芸名でチョイ役で出演している。彼女はこの作品がデビュー作である。

冒頭と結末部に登場する海岸は千葉県白浜海岸でロケされた。夜間の雨降らしもあるし、ピンク映画にしてはなかなか贅沢な作りをしていることが分かる。

よくピンク映画は低予算だが裸さえ出しておけば比較的自由に作れると言われるが、そのあたりはスポンサーや視聴率に縛られるテレビと比較してどうだったのだろうか。


テレビドラマの演出はまだ三本（未放映のもの五本）の状態でしたから、比較しようもないくらいでした。スポンサーや視聴者の話は、（草創期の）テレビでは当時はそれほど現場に届いていませんでした。

（前掲二〇一六年一月二十九日付メール）


またキャメラポジションやアングルを含む演出全般について、当時のテレビ演出との比

較に関しては、

テレビ演出というものがどういうものか全く知らない時期でしたから、（それらは）私の生理的選択だったのでしょう。（前掲二〇一六年一月二十九日付メール）

つけ加えておくが、今野勉といえばテレビ史に名を残す名ディレクター&プロデューサーであるが、古い時代のテレビ作品は現存しておらず、皮肉にも本作、つまりピンク映画『裸虫』が今野の現存する最古の作品ということになる。

あらすじ

物語は全三章で、それにプロローグとエピローグをつけた構成で語られる。

プロローグ

どこか田舎の海岸。明け方、壮年の男が和太鼓を叩いている。それをじっと見つめる少年と少女。岩礁にナイフを手にした青年の全裸死体が打ち上げられている。青年には左手の薬指と小指がない。かたわらには脱ぎ捨てられた女性の衣服。この導入部にクレジットがかぶさる。

第一章

新宿歌舞伎町の早朝。さきほど岩礁に打ち上げられていた死体の指なし男が自転車で牛乳配達をしている。信介（朝倉宏二）十九歳。あとから分かるのだが、田舎から上京して働いた工場で指を機械に巻き取られて、左手の薬指と小指がない。そこで一人の少女が彼から牛乳を買う。少女の名は真紀（大須賀美春）。十七歳である（そうは見えない！）。都会の生活の中でちょっと太めの自分の体を売り、バイタリティ溢れる生活を送っている。

ある日、街中で真紀を見かけた信介は、真紀を買う。信介の視線で真紀の豊満な体の一部や目、唇などが超クローズアップで映し出される。しかし、信介は指のないコンプレックスからなのか不能で、役に立たない。真紀の哄笑に追いたてられ、身をすぼめて立ち去る信介。

第二章

しがない牛乳配達員に見切りをつけた信介は、今は街の愚連隊の一人である。インチキ宗教・天地教のお札を押し売りしてボスから小遣いをもらい生活している。信介の兄貴分はヤク中である。

ある日、田舎から上京してきた中年女（渡辺富美子）が出稼ぎに東京に出たまま行方の分からなくなった夫の居場所を訪ねて、天地教の教祖（西国成男）に相談にくる。教祖というのは片足である。女は夫を訪ねて飯場を探しまわったという。

教団からの帰途、女はまた夫を探して代々木あたりの飯場を歩く。信介はその様子を見て、ふと情欲を覚え、女を襲う。だが不能に変わりはない。女の軽蔑した笑いに信介は殺意を覚え、手にしたナイフで女を刺し殺してしまう。

その夜は天地和合と称する天地教の祭りの日だった。般若の面をかぶった教祖が和太鼓を打ちならす中、祭りは酒席から次第に乱交へとエスカレートしていく。女の中に真紀の姿があった。信介の気分は高揚し、真紀と交わる。信介は不能から解放されたのだ。

第三章

真紀は教祖をたらしこんで麻薬を奪う。だがそのことはすぐに愚連隊の知るところとなり、真紀は仲間の娼婦たちにリンチを受け小指をつめられる。真紀の小指のない手をいとおしむように唇をよせる信介。

二人は信介の田舎の漁村に逃げることにした。漁村はすっかり廃村になっていた。だが二人は幸せだった。岩場で互いに服を脱ぎ捨て裸になって抱き合う二人。つかのまの幸せを謳歌する。

だが恐ろしい真実が明らかになる。真紀の体の中には教祖との不倫の種が芽生えていた。しかも教祖は行方不明だった信介の父親らしい。さらに工場現場で信介が殺害した中年女が真紀の実母だったのだ。二人の若い裸虫にはもはや生への執着は失われていた。

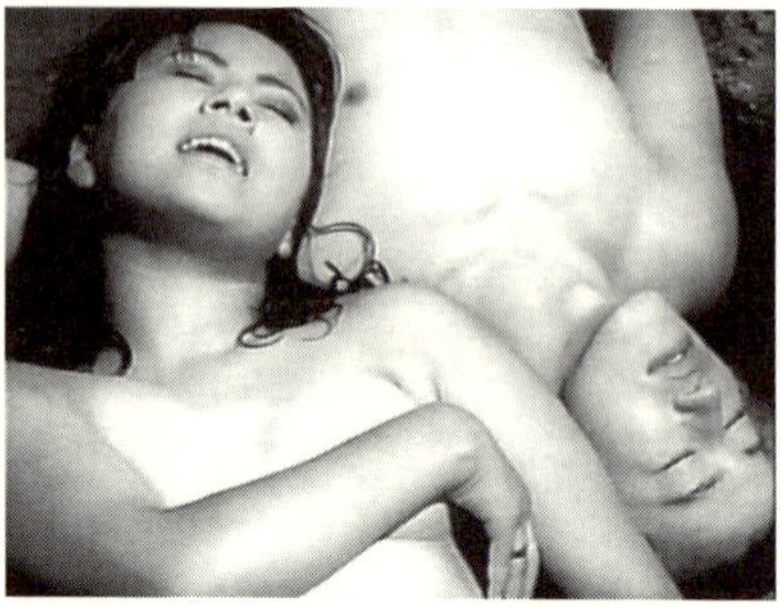

【図2】『裸虫』より。

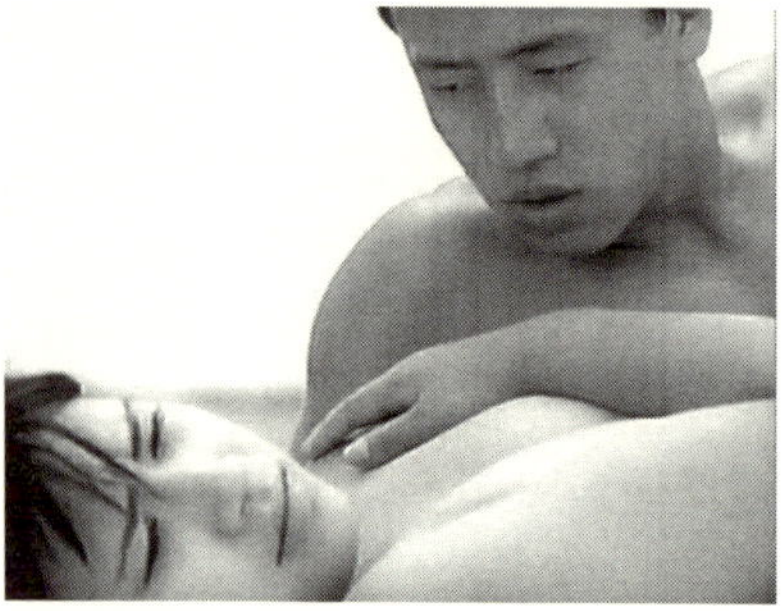

【図3】『裸虫』より。

エピローグ

夜明けの砂丘に燃えさかる松明《たいまつ》。岩礁に漂う二人の青白い死体。お面をかぶって渚をはねまわる男の子と女の子の姿がある。彼らもまた幼い裸虫だ【図2、3】。

奇妙な魅力の青春映画

ひとことに言って、なんとも形容しがたい奇妙な映画、というほかない。土俗と都会、疎外された若者の刹那的な愛と性などの諸主題が、インパクトの強い映像とサウンドによって表現されていることは断片的には分かるが、一度見ただけでは「変な映画を見た」という印象で、人物関係がよく把握できない。実際、公開当時はただのエロ映画と思って見に来た客から「二度見ないと分からない難解な作品」と、一部の客に酷評されたという（鈴木義昭『昭和桃色映画館』社会評論社、二〇一一年）。

実際、完成した作品を見たときの今野の感想は、

かったるいなァと思ったことを記憶しています。テンポとか、ストーリーの展開とか。人物像の造形もステロタイプのところがありました。

（前掲二〇一六年一月二十九日付メール）

と反省をこめて、回想している。

田舎から大都会に出てきた青年の屈折と、彼とは正反対にバイタリティで都会を乗り切り体を売って生活する少女が出会い、恋をし、周囲と軋轢《あつれき》を起こすという筋立てはよくあるものだろう。

だが、主人公の青年の指の欠損が彼の性的コンプレックスの源になっているというところまではまあいいとして、いたるところに肉体欠損または切断のイメージが氾濫し、複雑に絡みあった因縁話、不能、または中年女が青年に渡すリンゴ、青年が持ち歩くナイフなど、フロイトのモチーフがあちらこちらに横溢していて、少々強引な作為性を感じる。だが意外にも今野自身は、

　フロイトは好きではありませんでした。日本人の意識構造をフロイト流に解釈しても的外れだと思っていました。

（前掲二〇一六年一月二十九日付メール）

という。ふーむ。

しかしながら、コンプレックスを根っこに持つ青年が土俗的な因縁に翻弄され、痛切な青春の地獄巡りをしていく過程には、随所に強い印象を残す場面も少なくない。たとえば、和太鼓のリズムやインチキ宗教の乱交パーティの夢幻的映像、真紀がリンチにあうくだり、

終末部の廃村での若い二人の岩礁での幸福感に満ちた戯れなど、時折はっとするイメージがあるのも確かで、奇妙な魅力がある作品だと思える。

田舎から東京に出てきた男女が都会になじめず、愛し合う二人は田舎に帰るが、そこはとっくに廃村になっていたというモチーフは、翌年のピンク映画史上の名作『雪の涯て（青春0地帯）』（65、新藤孝衛監督）でも繰り返されることになるだろう。

芸術祭参加

国映の社長矢元照雄が最初から芸術祭出品を考えて、新進テレビ・ディレクターにピンク映画を作らせたのか、それともできあがった作品を見て芸術祭参加を決めたのかは分からない。しかし芸術祭参加は審査員にあっさりと却下されてしまう。

国映の『裸虫』の〝参加を認めない〟という理由は「表現技術が稚拙であって、芸術祭参加作品の水準に達してない」というもの。国映では去る十月十五日、締切りギリギリに参加申し込みをしたが、芸術祭映画部門審査員の池田義信、牛原虚彦、草壁久四郎、小林勝、津村秀夫、登川直樹、南部圭之助の八氏が、十月末、文部省試写室で、作品を審査した結果、以上の結論が出たもの。(……)「作品が完成して各方面に試写をみてもらい、なかでも映画評論家小川徹、シナリオライター石堂淑朗、田村孟、詩人の寺山修司、関根弘氏らが、この作品をみて、いままでの国映作品とはまた違った前向きのいい出来、決して悪いものではない——とほめられたので、芸術祭に参加することを決めたんです。それが、ピシャリ参加拒否とは、これはどういうことですか」というのが、田坂宣伝部長。それよりアタマにきているのが、矢元照雄国映社長。「水準というのはどこで決めるのか。一番問題なのは審査員のほとんど六十才以上のご老人でしょう。『裸虫』は二十五才から三十才の若手グループが共同演出の形で意欲的に撮ったものだが、そうした若い人たちの作品に審査員がコンプレックスを抱いたのか。審査員がそうした感覚では、時代おくれも甚《はなは》だしいし、これから若い人は伸びられない。極限するなら、今の審査員にむくような作品を作らなければならないような芸術祭なら意味はない。そりゃあ、エロダクションの作品という先入観があるためだろう。それなら映画会社に対する偏見であり、ゆるせないですよ」と抗議している。

(「内外タイムス」一九六四年十一月十一日付)

さらに内外タイムスの映画記者でピンク映画の名づけ親と言われる村井実は、後日次のように付け加えた。

大映の『悶え』（監督井上梅次、若尾文子主演）も芸術祭参加作品であり、内容は夫の性的不能に悩む新妻の悶えが、かなりショッキングに描かれている。作品的価値かということと『裸虫』はもっと前向きで男女の青春の傷みがさわやかに描かれているのだ。作品の水準はどこに置いているのかわからないが、こうなれば文字通り〝エロか芸術か〟の論争になりかねない。映画部門で却下されたのは芸術祭はじまって以来（十九回）という。伸びる芽を単なる権威や保守的な形でつみとるのではなんにもならない。それならいっそ〝芸術祭〟より〝官僚祭〟に名称を改めてはいかが――。

（「内外タイムス」一九六四年十一月十五日付）

不思議なことに内外タイムスの記事を追っていくと、『裸虫』の監督〝グループ創造〟の代表として「朝倉大助」（十月十五日付、十一月十一日付）の名がある。今野勉に問い合わせたところ、まったく初耳で記憶にないという。「朝倉大助」ならぬ「朝倉大介」であれば、現在も連綿と続く国映のプロデューサーが共同で使う筆名である。「朝からダイスキ」をもじって「朝倉大介」なんだよ、と七〇年代以降は、その名をほぼ独占的に使っていた佐藤啓子国映専務に伺ったことがある。したがってこのときの「朝倉大助」とは矢元照雄のことだろうか。あるいは企画に名のある菜穂俊一も短い間だが、国映で「朝倉大介」の名でプロデュースしたことがあるので、菜穂である可能性もあるが、状況から判断すると、矢元照雄だと思って間違いない。芸術祭に参加するために代表の名前が必要だったのかもしれない。

今野勉によれば、映画が完成してから国映が芸術祭に参加したいので本名を明らかにしたいという要請があったという（『テレビの青春』）。もちろん今野はそれを断るのだが、後年、今野の預かり知らぬところで『裸虫』がＶＨＳとして発売されて【図4】、そのパッケージに今野勉と印刷してあり、ようやく『裸虫』の監督が今野勉であることが知れ渡るようになったという（前掲二〇一六年一月二十九日付メール）。

【図4】『裸虫』VHS。

しかし、手許の「近代映画　十月号臨時増刊　日本映画エロティシズム特別号」（近代映画社、一九六四年十月十五日発行）の『裸虫』のグラビアには次のように説明文が添えられている。

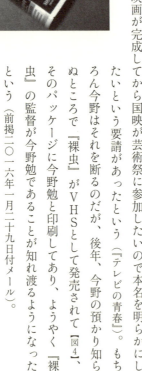

指をつめられたのが原因で、性的不能症におちいったチョイぐれのお兄ちゃんが、ある女を知る。そのオンナも、指がなかった……。不思議なことに、お兄ちゃんは、そのオンナの子にだけは、セックスを感じると同時に眠っていた性機能がやおら働きだす……。／今野勉監督が演出にあたり、大須賀美香、朝倉宏二、高須賀忍を配して、千葉県白浜海岸に長期ロケ。黒潮洗う白浜の磯辺に、若い男女のもつれあいは、夏の太陽をあびていつ果てるともつきないハッスルぶり。

なんとしっかり今野勉の名前が同時代に出ていたのである！　知らぬは本人ばかりなり。ああ。

『裸虫』の併映作品

ところで『裸虫』は『おんな』という国映製作のピンク映画と併映で、全国の国映系列で十一月第一週上映された。『おんな』の監督は伊豆肇。そう、あの俳優の伊豆肇である。『青い山脈』正続篇（49、今井正監督）でガンちゃんを演じた東宝第一期ニューフェイスである【図5、6】。

伊豆肇がピンク映画を監督したなんて話は、「キネマ旬報」などオモテの映画史には載っていない。ただしインターネットのウェブサイト「日本映画データベース」にはその名がある。資料といえばそれぐらいなのだ。ほかに国会図書館に赴き、調べた資料の中からめぼしいところを拾うと、

国映では、こんど伊豆肇を監督に起用して野心作『女』（仮題）を製作、十一月一週に公開を決定した。『女』（九巻）は老作家とストリッパーの愛欲を描くもので、出演

【図5】『裸虫』ポスター。

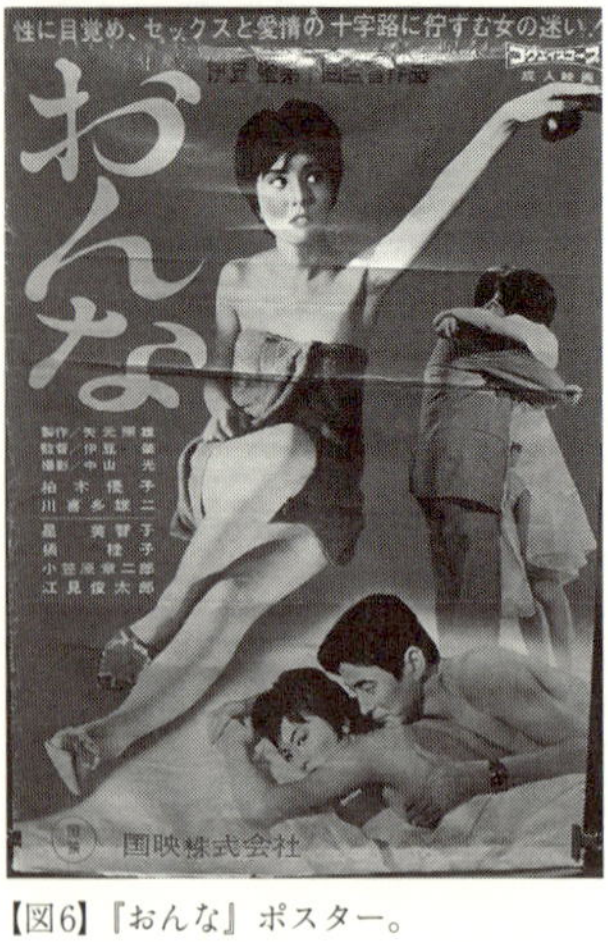

【図6】『おんな』ポスター。

者も柏木優子、星美智子、川喜多雄二、江見俊太郎ら。

（「内外タイムス」一九五九年十月二日付）

老作家とストリップ・ショーの踊り子の厚情をてんめんとした情緒で描く伊豆肇の初演出作品。アンジェラ・アキコ（柏木優子）はヌード・ショーのダンサーである。アキコは今は亡き愛人小笠原御風（小笠原章二郎）の思い出だけに生きている女だった。作家御風の老年の愛を一身に受けていただけにその心の虚脱もはげしい……。アキコは御風の遺産一千万円をついだが、その遺産をめあてに書店主藤森（川喜多雄二）と、流行歌手水野（沢村たすく）が暗躍する。江見俊太郎、天知茂、人見きよし、野川由美子らが共演。

（「近代映画　臨時増刊一月号　日本映画セクシー特集号」近代映画社、一九六五年一月十五日発行）

すごい出演者の顔ぶれである。だがフィルムの現存は確認されていない。またピンク映画の情報誌「成人映画」が発行される前の作品であるから、これ以上の詳細は分からない。ただ伊豆肇は一九五〇年代後半から、俳優業のかたわらテレビに進出し、台本執筆や構成、プロデュースなどを手掛けていたようなのである。以下はその頃の新聞記事。

十年の歳月を過ごした〝映画スター〟の座を去って、かれこれ四年になろうか。そして最近、テレビに活路を見出しているのが伊豆肇である。「自分でもどれに専念するかまだわからない。現状維持で行ければいちばんいいですが」という彼。このところ役者、作家、製作者の三役がころがり込んできて、やっとツイてきた感じなのである。三月からフジ『日本の歩み』のフィルム構成を月一回、また同じ三月にフジのドラマ『侍』で初めてプロデュース、それから日本テレビ『名勝負物語』の台本を月一本、執筆、さらに六月からフジ『台風家族』の台本書きと出演など……。このほかにも二、三あげられるほど。「テレビにもコマーシャルや役者として出演していますがボクだって役者として自分の限界を知っています。だからムリに通そうとは思っていないのですが、映画のときもずいぶんこれで迷いました……」。とくに発音がわるくナ行とラ行がはっきりいえず苦しんだという。会話を直すため、本を読みあさった。読んでいくうちに書くことに興味をもち、これが動機となって三十二年ごろ（注：昭和）からちょいちょいテレビ台本を書くようになったそうだ。（……）やはり将来は放送作家としての職業にウエートをおいていきたいようすで、おのずから話も執筆のことになると雄弁になる。

（「日刊スポーツ」一九六一年五月二日付）

ちーとも知らなんだ。こんなことキネ旬の『日本映画俳優全集・男優篇』にも書いてないゾ！　ということで、興味を持って伊豆肇に取材を申し込んだのが二十年以上前のこと。マネージャーが出てきて「過去を振り返りたくないと本人が申しております」と体よく断られてしまった。伊豆肇、二〇〇五年歿。

もう聞きたくとも聞けない。ただ初期のピンク映画に興味を持っていたという話は誰かに聞いたことがある。たぶんその話が国映の矢元照雄の耳に入って、伊豆肇にピンク映画を撮らせることになったのだろう。その余勢を駆って、今野勉にも声をかけて、できたのが『裸虫』だったに違いない。

そしてこの『裸虫』と『おんな』の二本立ては、片や芸術祭参加却下、片や一般の著名映画人が作ったピンク映画という話題性もあって、ヒットをとばしたらしい（前出『昭和桃色映画館』）。

その翌年の一九六五年、国映は全国千二百館の契約館があったといわれる（奥野信太郎『女へんの話』論創社、一九八三年）。

またこの年、国映のライバル大蔵映画ではＯＰチェーンを結成する。

大きな変革の時代が訪れようとしていた。日本映画が斜陽への道をころがり落ちるのを尻目に、ピンク映画はさまざまな才能を巻き込んでますます隆盛への道をたどる。だがその数年後、本当に勝者となり、娯楽メディアの王者に君臨するのは、映画ではなく、テレビだったのである。

第七章　長谷川和彦の幻のデビュー作

生きながら映画に葬られ

長谷川和彦。

間違いなく映画ファンの間で現在最も新作を期待される映画監督の一人である。と言えば、意外に思われる方もいるのではないか。なにしろこの監督、かれこれもう四十年近くも新作を撮っていないのだ。監督作にしたってデビュー作を入れてわずか二本しかない。それなのに今年こそ新作映画の撮影に取りかかるのではと毎年のように噂が流れては、いつも立ち消えてしまう。その繰り返しの中で、長谷川和彦はいつのまにか生きながら〝伝説の映画監督〟になってしまった。

口が悪い連中は、「日本映画監督じゃなくて二本映画監督だね」と陰口を叩く始末。しかしそれでも映画ファンは毎年来るべき彼の新作を待ち続け、なかなか本腰をあげてくれないご本尊を担ぎ出そうとあれこれと熱心に働きかけている。これほど新作を待ち望まれる監督がいるだろうか。

なぜ多くの映画ファンがそこまで熱心になるのか。それはわずか二本の監督作だけれども、その二本が飛びっきり面白かったからにほかならない。のみならず、昔の映画が簡単に再生可能な時代を迎えても、その面白さが色あせず、新たなファンを獲得しているのだ。

一九七六年、長谷川和彦は三十歳で『青春の殺人者』で監督デビューした。今でこそ二十代で監督デビューを果たす人も多いが、当時は映画黄金時代を支えた撮影所システムが崩壊し、日本映画を支えたメジャーの会社は何を作っていいものか分からず、焦土と化した映画界の中で瀕死の病人のように立ち尽くしていた時代だった。

たとえば大手の映画会社に入社し、長い助監督生活を経て、長谷川和彦に遅れること五年、一九八一年に松田聖子主演の『野菊の墓』で監督デビューした澤井信一郎は当時四十三歳だった。それから四年後、澤井は第三作『早春物語』で日本映画監督協会新人賞を受賞することになるのだが、当時の動脈硬化を起こした日本映画界では四十代でも新人だったのである！

そんなドン詰まりの日本映画界に風穴を開けたのが角川映画だった。第一作『犬神家の一族』が公開されて一大社会現象を巻き起こしたのが一九七六年。そのメディア・ミックスによる戦略とマスメディアへの大量宣伝という、いわゆる角川商法は日本映画界に衝撃を与えた。

同じ年、それとは正反対に、長谷川和彦は非商業的な芸術映画を支援するＡＴＧ（日本アート・シアター・ギルド）と提携した独立プロを拠点にして、一千万円という信じがたい低予算で監督デビューを果たす。それが『青春の殺人者』だった。

むろん潤沢な宣伝費をかけた角川映画に対抗するだけのカネはない。しかし当時の長谷川和彦をめぐる露出の仕方は、まだ監督デビュー作が封切られてもいないというのに、久々の期待の若手新人監督としてマスコミが盛んに取り上げるという異例のものだった。東大中退というインテリながら在学中はアメフト部の主将として活躍するという体育会系。しかも彼自身のスタイルもレイバンと革ジャンスタイルの長髪のにいちゃんで、すこぶる刺激的な言葉で夢を語った。助監督時代を知る先輩映画人は、長谷川のことを「豪傑で知られる名物助監督」だの「監督より態度がでかかった」だのと証言し、この三十歳になったばかりの新人監督のデビュー作を盛り立てた。

しかしそれらは決して大言壮語ではなかった。デビュー作『青春の殺人者』は、実際に起きた親殺しをモデルにするというヤバさを内包しながら、熱気と少しばかりのセンチメンタリズムを混淆した重厚な演出で見る者を強く引きつけた。そしてこの年、キネマ旬報や毎日映画コンクールなどの主要な映画賞を総なめにする。

それから三年後の一九七九年、長谷川は監督第二作『太陽を盗んだ男』を監督する。プルトニウムを盗んだ中学の理科教師が自らの手で原爆を作り、国家権力に立ち向かうという、不敵な面構えをしたこの作品は、エネルギッシュで滅法面白い骨太エンタテインメント活劇として、弛緩しきった当時の日本映画界に強烈な一撃を放ったのである。そしてこの作品もキネマ旬報第二位のほか、毎日映画コンクール日本映画最優秀賞および監督賞を受賞。それよりも一般の若い観客が熱狂的に支持して、キネマ旬報の読者投票では一位を獲得し、興行的には振るわなかったことへの雪辱を果たした。さらにビデオやDVDというパッケージ・ソフトの時代を迎えて、新たなファンを増やしているというまさに奇跡のような作品なのである。

だが、このような成功は映画監督・長谷川和彦にとって幸福なことであったのかどうか。すでに書いたように、現在までに長谷川の監督作はこの二本限りなのだ。以後、『連合赤軍』、『つっぱりトミーの死』、『禁煙法時代』、『吉里吉里人』、『PSI　光を超えて』、

『世界の終わりとハードボイルド・ワンダーランド』等々、企画の俎上に上がった作品だけでもバーゲンセールをするほどあるが、どれもクランクインにまで至らず、ことごとく頓挫している。たった二作で成功を勝ち得たがために、失敗することを恐れて過剰に慎重になるあまり、その後の一歩を踏み出せずにいるのだろうか。

それでも本人はどこまでが本気なのか分からないけれども、少なくとも表面的には毎年「今年こそ」と意気込み、その姿に、言葉は悪いが〝騙されてきた〟新旧のファンも年中行事に懲りもせずに期待を寄せ、熱心に幾度となく長谷川本人に働きかけた。実際、新作の脚本作りを手伝ったり、資金繰りに奔走したりした連中も多いと聞く。

そしていつのまにかその一連のニュースはそれだけで完結してしまい、「映画監督」という肩書きへの長谷川和彦のアリバイ作りになってしまった。

私は長谷川のその姿を見ていると、「生きながらブルースに葬られ」という曲を思い出す。二十七歳というあまりにも短すぎる命を燃やした伝説のロックシンガー、ジャニス・ジョプリンの遺作となった曲である。彼女の最後のアルバムとなった『ＰＥＡＲＬ』に収録されたこの短い曲は、インストゥルメンタルで収録されている。歌詞がないのではない。歌を収録するはずだったジャニスが、宿泊していたホテルでヘロインの過剰摂取のため急死したため、ボーカル録りをすることができなかったのだ。ジャニスはこの歌のために

「地滑りに巻き込まれてしまった／あちらこちらから不運が押し寄せてくる（……）／生きながらブルースに葬られ」というような詞を用意していたという。

さながら長谷川和彦は「生きながら映画に葬られて」しまったのだ。

あえて言おう。

彼の最大の悲劇は二本の傑作を撮ったあと、ジャニスのようにポックリ逝くのでなく、生きながらえてしまったことにある。長谷川の悪あがきを見ていると、彼は自らが作り上げた伝説にがんじがらめになっているように見える。もはやそれは悲劇ではなく喜劇だ。

仮に長谷川が『青春の殺人者』で監督デビューするのではなく、ピンク映画でデビューしたらどうなっていたのだろう。これは単なる根も葉もない妄想に基づいた仮定の話ではない。実際、長谷川和彦はまぎれもなくピンク映画で監督デビューするはずだったのだ。単なる企画の話ではない。ここで言うのは、すでに大方の撮影は済んでいたピンク映画の話、正真正銘の〝幻のデビュー作〟のことである。

時は長谷川が日活の契約助監督だった一九七一年。ピンク映画の老舗・国映から話を持ち込まれ、『センチメンタル・ジャーニー』という作品の撮影を開始する。しかし九割方撮影が済んだところで、予算オーバーでパンクして映画は未完成のままになったというのである。

ピンク映画のほうへ

今から十年ほど前のことだろうか。

新作ピンク映画の初号試写の打ち上げの席で、国映の名物プロデューサーの〝おねえさん〟こと佐藤啓子専務から興味深い話を聞いた。「東映化工（現在の東映ラボ・テック）が預かっているフィルムを引き取ってほしいというんだよ。その中にゴジ（長谷川和彦のニックネーム）の中断した映画もあってね。この間もゴジと一緒に麻雀をしたときに、『邪魔だから引き取ってくれ』って言ったんだけど」というのである。そのときは「あ〜、完成しなかった映画でも現像所はちゃんと保管してるんだ」とぼんやりと思っただけだったが、その後も毎年のように繰り返される撮るの撮らないのという騒ぎを見ているうちに、九割も撮影が済んでいるのなら、その状態でなんとか完成すれば、いい肩慣らしになるんではないか、と思ったのだ。

映画史にはいろいろな事情で未完成のまま撮影が中断したが、未完の作品として成立している映画が存在する。そのうち少なくとも二本は映画史上の傑作といわれている。巨匠ジャン・ルノワールの手による『ピクニック』（36〜46／77）は、天候に恵まれないため撮影が遅れていたところに、ルノワールが次回作『どん底』(36)の撮影に入ってしまった。さらに『どん底』完成後、ナチスの猛威から逃れるためにルノワールがアメリカに亡命したため、未完になった。それを戦後プロデューサーが編集して中編映画として完成させた。不完全ながらまぎれもなくルノワールの天才が溢れ出た傑作である。

もう一本はポーランド映画『パサジェルカ』(63)。監督のアンジェイ・ムンクが撮影中交通事故死したため、後を引き継いだ友人の監督が未完成部分を補って完成させた。物語は現在と過去が交錯するが、すでに撮影が済んでいたユダヤ人捕虜収容所の過去時制に対して、まだ撮影していなかった現在時制の豪華客船の場面を未完の撮影素材から抜粋したスチルを使い、ムンクの意図を汲んで互いの時制が交錯するように再構成した。ポーランド映画を代表する名作の一本である。

さらにつけ加えるなら、ジャン゠リュック・ゴダールの『ヒア&ゼア　こことよそ』(76)を挙げてもよいかもしれない。七〇年代、ゴダールは盟友ジャン゠ピエール・ゴランとの共同でパレスチナ解放戦線に取材した『勝利まで』と題する映画の撮影を始めるが、資金難と政情の変化によって撮影中止になってしまう。その後、ゴダールは中断した映画の撮影素材を使って、『勝利まで』の撮影がなぜ挫折したのかを内省しつつ、二つの対立項を「と」という接続詞で結びつけ考察していく。いかにも五月革命以降のゴダールらしい政治的色あいに満ちた前衛的な映画だった。

そう考えると、とりあえずゴジさん本人の話が聞きたいと思った。手紙を書いたのが二〇一五年のこと。すぐに本人から電話があった。「あのな、本当のことを言うとだな。死んだ子の年は数えたくないんだ」とゴジさんは言った。それでも食い下がってやりとりしているうちに「おまえが現像所に預けてある撮影済みのフィルムを探してきて、見つけたらそれを試写しながら話そうか」と言う。

すぐさま国映に連絡をとって、フィルム探索の件を一任させてもらうことに承諾を取ると、東映ラボ・テックに電話をした。担当者に事情を話して探索を依頼したが、今から四十年以上の前の、しかも未完成のピンク映画のラッシュ・フィルムが見つかるだろうか。一抹の不安は消えなかった。

国産の洋ピン

一九六〇年代、テレビの普及に伴い、娯楽の王者として君臨した映画は、またたくまに栄光の座を滑り落ち、斜陽産業の代名詞になっていた。そんなとき登場したピンク映画は、安い製作費で優れた集客力を発揮し、あっというまに雨後のタケノコのようにピンク映画を製作するプロダクションが乱立した。

ピンク映画の業界では老舗にあたる国映は、北海道で材木業と造船業で材をなした矢元照雄が上京して金融業（いわゆる高利貸）を始め、貸付先にフィルム業者がいたことから担保にとったフィルムを劇場にかけたことをきっかけにして、映画製作に乗り出すことになった。当初は教育映画や文化映画などを製作していたが、地方のセールスから「色気のある映画」をほしがっていると聞き、その需要を取り込むため、ピンク映画の製作に乗り出した。ピンク映画という呼称は、国映が半裸の女ターザンを題材にした黎明期のエロ映画『情欲の洞窟』（63、関孝二監督）の撮影見学にきた「内外タイムス」の記者・村井実が命名したとされる。

矢元照雄は、その後もピンク映画を量産するが、前章で記したように、のちにテレビドラマ界の名匠で、ＴＢＳから独立してテレビマン・ユニオンを設立することになる今野勉や、俳優の伊豆肇にピンク映画を撮らせるなど、単に儲けるためだけに粗製乱造でピンク映画を製作したプロデューサーとはひと味違う野心作も手がけることで知られていた。

彼のすぐ下には息子の矢元一行、菜穂俊一、先述の〝おねえさん〟こと佐藤啓子の三人のプロデューサーがいて、三人で「朝からダイスキ」をもじった「朝倉大介」という共同の名義を使っていた。菜穂俊一は短期間で早々と国映を去ったが、矢元一行は法政大学の映画研究部出身らしく情熱的な映画青年で、鈴木清順のブレーンでもある鬼才・大和屋竺『荒野のダッチワイフ』（67）、ピンク界の巨匠・若松孝二『性家族』（71）など野心作・異色作なども多く手がけた。だが、惜しいことに志半ばで一九八二年に早世してしまう。百歳まで生きた父の照雄よりも早い死だった。

最後の「朝倉大介」になった佐藤啓子は、前述したように〝おねえさん〟のニックネームで多くの映画人に慕われ、五十年にわたるプロデューサー人生で約千本のピンク映画をプロデュースした。その中には周防正行が小津安二郎にオマージュを捧げた『変態家族・兄貴の嫁さん』（84）などの異色作のほか、八〇年代以降は佐藤寿保、佐野和宏、瀬々敬久、サトウトシキの〝ピンク四天王〟やその弟子筋にあたる〝ピンク七福神〟などの作家性の強い作品をプロデュース。二〇一八年のベルリン映画祭で彼女の長年の功績に対してトリュビート特集上映が組まれたことは記憶に新しいところだ。

さて、経営不振で末期状態の日活で契約助監督をしていた長谷川和彦に、ピンク映画を撮らないかと持ちかけてきたのは、社長の矢元照雄直々だったらしい。仲介したのはドキュメンタリー映画を製作する日本映画新社出身のカメラマンで、『センチメンタル・ジャーニー』の撮影を担当することになる水野征樹だった。

国映と長谷川を結びつけた水野は、今村昌平の『神々の深き欲望』（68）の撮影を通じて長谷川と面識を得た。

長谷川は今村昌平主宰の今村プロに助監督兼雑用係として入社し、東大を中退すると、すぐに『神々の深き欲望』の撮影のため沖縄ロケに駆り出されたのである。そのとき、カメラマンの助手としてロケに同行していたのが水野征樹だった。

水野は森崎東が監督した『ロケーション』（84）の撮影を担当したのが唯一の劇映画で、主にテレビドラマのほか、文化映画やドキュメンタリーの分野で活躍している。また、『ヒロシマ・ランニング』（75／07）、『叫びたし　寒満月の割れるほど』（08）などドキュメンタリー映画の監督作もある。

矢元の注文は、外国人を使って国内でいわゆる洋ピンを作れというものだった。オール外国人キャスト、全編英語。矢元は、和製のピンク映画よりも海外から輸入した洋ピンの方が劇場に高く売れることに目をつけて、洋ピン風の和製ピンク映画をでっちあげようと目論《もくろ》んだのである。長谷川が今村プロから出向して契約助監督として働く日活が、経営難から日活ロマンポルノの製作に舵を切る直前のことである。こうした時代にあって、矢元の発想は斬新なものだったに違いない。

予算は三百五十万円。当時ピンク映画の巨匠であった若松孝二でさえ二百万で撮っていたのだから、新人のデビュー作としては破格の予算だろう。

ただしピンク映画の場合、フィルム代や現像費、ダビングの予算などはあらかじめトップオフされた状態で、現場費としてその残りが渡されるのが通例で、多くの場合、機材レンタル費やロケ費用、スタッフ・キャストのギャラに至るまでがその中に含まれている。現場の責任者である監督の才覚で安く上げることも可能で、その分は監督のギャラとなる。逆に予算から足が出た場合、監督はタダ働きになるどころか最悪の場合持ち出しになってしまう。

『センチメンタル・ジャーニー』の場合は、最初から長谷川和彦以下スタッフ・キャスト全員がノーギャラということで、撮影に直接かかる現場費の管理担当として、製作主任がつくことになった。いわゆるライン・プロデューサーである。のちに触れるが長谷川が言う「プロデューサー」とはこの人のことを指す。国映側のプロデューサーは「朝倉大介」。これは佐藤啓子のことである。

脚本を執筆したのは長谷川本人と遠藤宣彦である。遠藤は劇団俳優小劇場の演出家・舞台監督。『センチメンタル・ジャーニー』では助監督も務めた。

長谷川の師匠である今村昌平と俳優小劇場との関係は、『神々の深き欲望』の原型になる戯曲『パラジ　神々と豚々』（脚本：長谷部慶治・今村昌平）を一九六二年に上演したときから始まる。これをきっかけに今村は俳優小劇場と交流を深め、劇団を主宰する藤田傳は

『神々の深き欲望』の助監督を務めることになる。

また、七一年には俳優小劇場は、今村の原案、藤田傳の脚本・演出で『黒念仏殺人事件』を上演している。したがって、『センチメンタル・ジャーニー』に集結したスタッフも『神々の深き欲望』を通じて長谷川が知り合った人脈が中心になったが、遠藤宣彦も藤田傳を通じて面識ができたのだろう。

そしてここにもうひとり重要な人物が登場する。日活のバイプレイヤー、前野霜一郎である。彼は児童劇団「ひまわり」出身で、日活『目をつぶって突っ走れ』（62、堀池清監督）で映画デビュー。その後は吉永小百合主演の『潮騒』（64、森永健次郎監督）にも出演している。

一九七一年、日活がロマンポルノ路線に転向すると、そこでも男優として活躍する。長谷川和彦と前野が知り合ったのは、ロマンポルノ直前の日活『野良猫ロック　ワイルドジャンボ』（70、藤田敏八監督）だった。その出会いについて、長谷川自身が『青春の殺人者』に撮入する直前に書いたエッセイから引く。


俺はセカンドの助監督で、あいつは郷鍈治率いる悪党集団の一員だった。前野が子役としては主役まで演じたベテラン俳優である事などまるで知らなかった俺は、やけに熱心にオーバーな芝居をするガヤがいると思ってよく怒鳴ったりした。「前野、このシーンはなあ、オマエみたいなその他大勢が目立たなくていいんだよ。何もしなくていいから一生懸命つっ立ってろ！」あいつの芸歴に比べればまるで駆け出しの助カントクのくせにデカイ態度で残酷なことを言ったものだと思う。「キツイこと言うなあ」前野は怒るワケでもなく照れたように笑っていた。あいつは笹塚駅前のフトン屋の一人息子で、俺もその頃は笹塚のアパートに住んでいたせいもあってその映画が終わる頃にはかなり親密な友だちになっていた。

（長谷川和彦「ピエロと殺人者」、「ユリイカ」一九七六年六月号「特集＝映画　ヒーローの条件」所収）

前野は高校中退後、舞台芸術学院に入り、六八年には演技の勉強のために渡米。南カルフォルニア大学の聴講生となる。アメリカで出会った白人女性デボラ・ジーン・フィラー（通称デビ）を連れ帰り同棲し、彼女の妊娠を知って入籍。前野にとって二度目の結婚になる（最初の結婚相手は女優の黒沢のり子）。

国映から国産洋ピンの製作を依頼された長谷川は、ちゃんとした外国人俳優を使えるような潤沢な予算があるはずもなく、前野の人脈を使ってタダで出演してくれる外国人キャストを決める。主演のひとりである黒人の米兵は、本当に立川の基地で働く米兵だった。また、当時は前野と同棲していたデビも出演することになった。

長谷川は外国人キャストに、「これはアート映画だから」と言い含め、自分たちスタッフと同様にノーギャラで雇った。長谷川も撮影が進むにつれ「これはアート映画だから、と言っているうちに、不思議なもので自分でもアート映画を撮っている気持ちになった」と語っている。前野はこの映画では、ほかにも助監督、通訳、運転手として八面六臂の活躍をする。

すでに書いたように、結局、『センチメンタル・ジャーニー』は完成しなかったのだが、前野霜一郎はそれから五年後、世間を賑わす事件を引き起こして一躍有名人になる。

一九七六年三月二十三日、政財界を巻き込んだ汚職事件・ロッキード事件の黒幕と噂された右翼の大物・児玉誉士夫の等々力にある豪邸に、戦闘服に身を包みセスナで突っ込み自爆したのである。背後の政治団体などの存在が噂されたが、単純に憂国の気持ちにとらわれての行動だったようだ。

さらに『センチメンタル・ジャーニー』に出演した前野の妻（その後離婚）デビは、同年九月、山形の温泉旅館にずぶ濡れで無断侵入し、突如全裸になって客のフトンに潜り込むというストリーキング・スキャンダルを起こしている。

少ない情報源をたどって調べていくうちに、キャスト全員が外国人という日本産の洋ピンという野心的な企画をどのように撮影していったのか、ますます興味が沸き、是非九割撮影済みだというラッシュを見ながら、どうしてもゴジさんの話を聞きたいと思った。そして東映ラボ・テックの担当者の返事を期待しながら待った。

半年が経った――。

結果を伝えると、電話の向こうのゴジさんはしばらく無言だった。やっと口を開くと「そういうことなら仕方がないな。一生懸命探してくれたことには礼を言うが、まあ約束は約束だ。ラッシュが見つからなかった以上、これ以上俺からしゃべることは何もない」と言った。それでも私はどうにかして話してくれないかと何度も頼んでみたが、決意は固く翻意は難しそうに思えた。

監督がダメならということで、当時のスタッフを探し出して連絡を取ったが、ことごとく「ゴジが話したくないというなら、私としても話すことはない」という返事で、改めて映画スタッフの結束の堅さを知ると同時に、元スタッフのゴジさんに対する忠誠心の強さに驚きもした。あとから考えると、「ゴジさん本人からはあとから詳しく伺う予定ですが、

【図1】『センチメンタル・ジャーニー』台本。

承諾はもらってます」とブラフをかますんだったと悔やんだ。そのことを全部ゴジさんに話すと、電話の向こうで彼は「バカめ」と呟いて少し笑った。

しょうがない。それでは撮影時に使った台本を拝借できないかとお願いしてみた。ゴジさんは映画について、通りいっぺん以上にちゃんとした形でしゃべることをあれほど固く拒んでいたのに、予想に反してあっさりと台本を貸してくれた【図1】。

『センチメンタル・ジャーニー』

一台のジープに乗った白人の若い男性が調布の関東村（注：一九七三年頃まで府中・調布にあった在日米軍居留地）を出発し、甲州街道を走り出す。十八歳のブルースである。途中、立ち寄った新宿のスナックでカレンという白人女性を拾って、強引に犯す。ブルースはカレンを突き落とすように降ろすと再びジープを走らせる。

横須賀のバーに入るブルース。そこで休暇中の黒人水兵トニーとウマがあう。二人はマリファナを吸いながら一緒にジープで久里浜からフェリーに乗り込む。

フェリーは金谷港へ。岸壁に近づくフェリーから三人の白人女性の姿が見える。三人ともハイティーンのようで無銭旅行のサイクリングを楽しんでいるらしい。ブルースとトニーは自転車に乗る彼女たちをからかう。

女の子たちと親しくなったブルースとトニーは、彼女たちをジープに乗せ、一緒に松林のキャンプ場で自炊をしたり、マリファナを楽しんだりする。

トニーはポケットから写真を取り出して見せる。それは変哲のない島の写真で、裏には地図が描かれてある。トニーは父親の形見で、ここに宝が埋めてあるのだと言う。いつのまにか五人の体は重なり合っている。

翌朝、五人は出発する。浜辺でじゃれあったり、将来の夢を語ったりする若い男女の姿がある。トニーが持っていた軍からの給与でひなびた港町の日本旅館に泊まる。五人は海の幸に舌鼓を打ち、五右衛門風呂に悪戦苦闘したりする。翌日はパチンコをして遊ぶ。

三日後。ガソリンがなくなり、農耕機から盗む。食料は農家から鶏や芋を失敬したり、パンや牛乳を万引きしたりして調達する。いよいよカネも尽きて、ブルースとトニーは工事現場で働く。女性たちも手伝う。

【図2】撮影現場にて。左端に長谷川和彦。

【図3】
以上2点『センチメンタル・ジャーニー』より。

その夜、五人が寝るテントが何者かに襲われ、テントを盗まれる。気落ちする五人。トニーがLSDを取り出して、皆に配る。LSDの幻想が目の前に広がる。五人は砂の上を転げ回る。トニーは宝島の実在を訴えるが、ブルースは相手にしない。キャッチボールをするブルースとトニー。トニーは高く投げられたボールを捕ろうとして崖から足を踏み外し、転落してしまう。

残された四人は宝島を目指してジープを走らせる。途中デビとキャロルがジープを降りる。かまわずブルースはビッキーを乗せたままジープを走らせる。だがガス欠ですぐに止まってしまう。そこへ四人組の学生がやってきて二人に絡みはじめる。ブルースは殴られて昏倒し、ビッキーは強姦される。

学生たちが立ち去ったあと、突然土砂降りの雨。半裸で横たわるビッキー、倒れているブルース。死んでいるのかもしれない。画面が輝き出し、全裸のトニー、デビ、キャロル、ビッキー、ブルースが水しぶきをあげて飛び出してくる。そのバックにはあの宝島の景色が見える……【図2〜5】。

【図4】

【図5】
以上2点『センチメンタル・ジャーニー』より。

事件らしきものが起こらないロード・ムービーに、セックスとドラッグをまぶした起承転結のない行き当たりばったりのお話と自滅的な結末は、いかにも同時代のアメリカン・ニューシネマの影響が色濃い。特にその代表作である『イージー・ライダー』（69、デニス・ホッパー監督）にそっくりだと言ってもいい。あるいは、不良性感度に満ちた遊戯とアクションの集団劇という点では、長谷川が助監督についた日活ニューアクション『野良猫ロック　ワイルド・ジャンボ』も彷彿させる。

脚本を読む限り、隠し味である自由への希求とか脱出願望とかといったお決まりのテーマよりも、まず外国人たちが日本の風景の中を車で走り抜ける姿が脳裏に浮かんでくる。がっちりとした物語がなく、前面にテーマを打ち出すわけでもなく、日本列島を縦断する外国人たちのあてのない自由気ままな旅が時代の気分とともに感覚的に描かれているという感じなのだ。そして何よりも青くさいほど若い。そのぶんの甘さや感傷もある。それが映画にどのような作用をもたらしたのか、今は知る手段もない。すごく残念だ。

結局、『センチメンタル・ジャーニー』【図6】は、通常のピンク映画が一週間ほどで撮影される通例を大きく逸脱し、二カ月撮影を続けても完成せず、全体の九割方撮った段階で、あまりにも時間がかかっているため、ラッシュ試写がプロデューサーの佐藤啓子らを交えて行なわれた。佐藤は「外人たちがジープに乗って延々走っているだけ」という印象を持ったという。さらに「濡れ場」が物足りないという意見も出て、追加撮影を行うことになった。

しかし――。

【図6】『センチメンタル・ジャーニー』スナップ。中央に座っているのが前野霜一郎。それに寄りかかっているのがデビ。向かって右端に長谷川和彦。

それでも、台本の九割は撮影したんだよ。ただラッシュを見るとやっぱりピンクにはなっていない。裸が出ても、エロじゃないんだ。追加の予算で裸のアップを入れるつもりが、競馬狂いのプロデューサーに預けてパァ。倍に増やすつもりだったらしいが。

（長谷川和彦のコメント、「BRUTUS」一九九八年八月十五日号「どうしても観たい幻の映画特集」）

ここでいうプロデューサーとは製作主任（ライン・プロデューサー）の

秋山洋のことらしい。彼はもともと撮影部で、今村プロ製作の『東シナ海』(68、磯見忠彦監督)では、撮影の姫田真佐久の助手だったが、本作では製作主任を務めた。

こうして『センチメンタル・ジャーニー』は未完のまま、撮影済みのフィルムは現像所の倉庫にしまいこまれた。だが、すでに書いたように今回の捜索でそのフィルムを見つけることはできなかった。

『センチメンタル・ジャーニー』を完成させることができなかった長谷川和彦は、また日活の契約助監督に戻る。経営難に陥っていた日活はまもなく窮余の策としてピンク映画を手本にした日活ロマンポルノの製作に乗り出す。

それから長谷川和彦が『青春の殺人者』でデビューを果たすのは、すでに書いたように彼が三十歳になった一九七六年のことである。そして『太陽を盗んだ男』を監督し、この二本の作品で伝説の監督となってしまった。

長い間、映画が撮れない(撮らない?)のは、この二本の作品があまりにも高評価だったため、失敗を恐れているからだという人もいる。だが、フィルモグラフィに未完だった『センチメンタル・ジャーニー』を加えると、デビュー作になるはずだった低予算のピンク映画で失敗したことの根が案外深いのかもしれないと見ることもできる。もし『センチメンタル・ジャーニー』が完成していれば、『青春の殺人者』までに何本も作品を撮れていたかもしれないが、それは今となっては誰にも分かるまい。
いずれにせよ、その長谷川もすでに古希を過ぎた。
本当に彼は映画に葬られたのだろうか。そんなことはない、と誰かが否定する。
ゴジさん、やっぱり僕らはあなたの新作が見たい。

あとがき

本書は、二〇〇六年三月から二〇一七年五月まで、筆者が連載していたウェブサイト「映画の國」（マーメイド・フィルム主宰）のコラムの中から、戦後の日本映画の、主にピンク映画と呼ばれる独立系成人映画周辺の作品や実演について書いた文章をまとめたものである。単行本化にあたっては初出の間違いを訂正し、加筆改稿した。また、「長谷川和彦の幻のデビュー作」は書き下ろしである。

興味のおもむくまま、ただ好き勝手に書いた文章だが、こうして改めて一冊の本として編んでみると、戦後日本映画の知られざる面とそれらの映画が製作された時代背景について、いくらかは明らかにすることができたのではないかと思う。日頃から、映画史とは著名な監督や有名作だけで成立しているものではなく、無数の胡散臭《うさんくさ》いものや猥雑なものがごった煮になった混沌の上に成立しているものだと思っているので、それを証明するいい機会になった。

はじまりはネットで見つけた一枚のポスターだった。ネット・オークションに出品されていた『純潔を狙う悪魔』なる題名のポスターを見つけて、驚きのあまり一瞬目が点になった。入札しようと機会を見計らっていたが、すぐに値段は高騰し、こちらの乏しい予算では限りがあり、最終的に入手することはできなかった。

『純潔を狙う悪魔』に関するその後の調査については本書をお読みいただきたいが、本書ではこうした正統な映画史やピンク映画史にもほとんど取り上げられていない作品を深掘りし、さらにその裏でドタバタ騒ぎを繰り広げる映画人たちの涙ぐましい悪戦苦闘を描き出した。

さらに、日劇ミュージックホールで映画人や著名文化人が演出した舞台のことや、地方における実演と映画のことなども、風俗的な記録を兼ねて個人的な記憶を交えて書いた。

こうした正統の映画史から外れた作品ばかりを取り上げたせいか、未完成の映画であったり、現存もしくは実在するかどうかも怪しいものばかりになって、現在視聴可能なのは「テレビ・ディレクターが撮ったピンク映画」で取り上げた『裸虫』ただ一本だけという、ビデオやDVDの時代に抗《あらが》うようなラインナップになってしまった。

だが、執筆にあたっては限られた既存の映画資料だけに頼らずに、当時の新聞や雑誌などの資料を幅広く渉猟した上で、関係者が健在であればできる限り取材するように心がけ、併せて自分の体験と記憶を掘り起こして文章にまとめた。たぶん、こういうスタイルが自分にはいちばん合っているように思う。

ビデオやＤＶＤは便利だし、いつでも好きなときに再生して細部を確認することができるから自分も大変重宝しているが、なんだかそれは隔離され滅菌された映画鑑賞のような気がしており、それで映画を見た気になるのでなく、かつて映画館が悪所と呼ばれた時代に、そこで上映される映画がまとっていた一期一会の体験性や緊張感まで丸ごと記録したいという強い気持ちが根っこにあることは言い添えておきたい。シネコン以前の映画館で見た映画には、それぞれ固有の匂いと記憶があったのだ。

文章を書く上では、ウェブで連載していた文章が元になっているという性質上、なるべく読みやすくリズムカルな文体で書くことを心がけたが、元来学術書のような文章は自分にはふさわしくないと思っている。

本書がこうして形になるにあたっては、多くの方々にお世話になった。根が怠《なま》け者ゆえ決まった締め切りもないという「映画の國」では、原稿の催促がないのでともすれば書くのをついさぼりがちになったが、一緒にコラムを連載していた上島春彦、吉田広明の両氏がマイペースながら毎回質の高い文章を書かれていることには始終刺激と影響を受けた。

時にはこちらの文章を読んだ感想や励ましのメールをいただいたこともあった。どれほど励みになったか計り知れない。この場を借りて感謝したい。

そして「映画の國」を主宰するマーメイド・フィルムの代表取締役である村田信男、編集担当の三原晶、佐宗千加の各氏にも感謝したい。面倒くさい注文ばかりでいろいろ大変だっただろうと思うが、文句もいわずにすぐに原稿をアップしてくれた上、修正にも気軽に応じてもらった。

また、文章を書く上で、たくさんの方々に取材した。名前は割愛させていただくが、わざわざ時間をとっていただき、何十年も前のことを根掘り葉掘り聞くこちらの質問に快く答えていただいた。それらは日本映画の裏面史に新たな光を当てる貴重な証言になったはずである。三國連太郎さんには約束までしておきながら、とうとうご本人に取材できなかったことが心残りである。

最後に、本書を編集してくれた作品社の青木誠也氏に感謝したい。筆者が持ち込んだ原稿を面白いと言ってくれ、出版を引き受けてくれたばかりでなく、粘り強く筆者を導いてくれた。青木氏の的確な指摘や指導がなければ、こうして一冊の本になることはなかったかもしれない。なお、本書のタイトルは筆者がつけたが、サブタイトルは原稿を青木氏が最初に読んだ時に、「日本映画の裏面史ですね」と言った感想から採用した。青木氏には重ねて感謝したい。

二〇一八年七月

木全公彦

【著者略歴】

木全公彦（きまた・きみひこ）

1959年愛知県生まれ。映画評論家・ライター・DVDコーディネーター。共著書に、『映畫読本・成瀬巳喜男』、『映畫読本・清水宏』（以上フィルムアート社）、『唄えば天国 天・地の巻』（メディアファクトリー）、『映画業界で働く』（ぺりかん社）、『大人になった「のび太」少年』、『大人になった「矢吹ジョー」』（以上宝島社）などがある。

図版提供：
国映株式会社、トニー大木、長谷川和彦

スクリーンの裾をめくってみれば

誰も知らない日本映画の裏面史

2018年9月25日初版第1刷印刷
2018年9月30日初版第1刷発行

著　者　木全公彦
発行者　和田肇
発行所　株式会社作品社
〒102-0072　東京都千代田区飯田橋2-7-4
TEL.03-3262-9753　FAX.03-3262-9757
http://www.sakuhinsha.com
振替口座00160-3-27183

装　幀　水崎真奈美（BOTANICA）
装　画　瑛九
本文組版　前田奈々
編集担当　青木誠也
印刷・製本　シナノ印刷株式会社

ISBN978-4-86182-716-7 C0074
©Kimihiko KIMATA 2018 Printed in Japan
落丁・乱丁本はお取り替えいたします
定価はカバーに表示してあります

【作品社の本】

沖縄映画論

四方田犬彦・大嶺沙和編

沖縄の映像は、誰のために、誰に敵対して存在しているのか。
観光主義とオリエンタリズムのなかで、沖縄表象の可能性を問い直す。
「日本」の解体に向かう、日本映画史研究の最前線。
［沖縄関連映像作品リスト付］

ISBN978-4-86182-172-1

吉田喜重の全体像

四方田犬彦編

メロドラマと反メロドラマ、エロティシズムとテロリズム。
融合と反発を繰り返し、不断の変容を続ける映画監督・吉田喜重。
「松竹ヌーベルバーグ」の60年代から、最新作『鏡の女たち』まで、
本質的な映像作家の広大なる想像的宇宙の全貌に挑む、画期的論考。

ISBN978-4-87893-646-3

思想読本⑨　アジア映画

四方田犬彦編

中華圏から東南アジア、現在最注目の西アジア全域までを網羅した、
最新版「アジア映画」完全ガイド！
最強の執筆者により、アジアの映画人101人を精緻に解説。
この1冊で、アジア映画の全てがわかる！

ISBN978-4-87893-539-8

【作品社の本】

武智鉄二　伝統と前衛

岡本章、四方田犬彦編

日本の伝統演劇と現代芸術を過激に横断した前衛演出家、
反権力とエロティシズムに徹した映画監督、その驚くべき営為の全貌。生誕百年記念！
中村富十郎、茂山千之丞、坂田藤十郎、川口小枝による、貴重な証言を収録。

ISBN978-4-86182-360-2

戦う女たち

日本映画の女性アクション

四方田犬彦、鷲谷花編

剣を取り、髪振り乱してスクリーンに跳躍する、強く、美しき女たち。
日本映画の歴史を彩る、絢爛たるその系譜を総覧！
戦前のヴァンプ・化け猫映画、女剣劇から、『緋牡丹博徒』、『女必殺拳』、
ピンキーヴァイオレンス、そして『バトル・ロワイヤル』、『セーラームーン』まで。

ISBN978-4-86182-256-8

日中映画論

四方田犬彦、倪震《ニイ・チエン》著

大島渚、謝飛《シエ・フエイ》、北野武、張芸謀《チヤン・イーモウ》、塚本晋也、賈樟柯《ジヤ・ジヤンクー》。
日本で最も多作な映画批評家と、中国第五世代以降最良の伴走者が、
双方の映画監督たち三人ずつを論じ合い、両国の映画の歴史と現在を探訪する。
まだ見ぬ中国、そしてまだ見ぬ日本の発見と展開！

ISBN978-4-86182-212-4

【作品社の本】

闇からの光芒

マフマルバフ、半生を語る

ハミッド・ダバシ著、モフセン・マフマルバフ序文、市山尚三訳

その言動に世界が注目するイランの映画作家が、あまりにも過激な半生と、
芸術家としての営為のすべて、そしてイスラムとアメリカの現在・未来を語り尽くす。
［マフマルバフ・フィルムハウス提供による貴重図版多数収録］
ISBN978-4-87893-588-6

ルイス・ブニュエル

四方田犬彦著

危険な巨匠！

シュルレアリスムと邪悪なユーモア。

ダリとの共作『アンダルシアの犬』で鮮烈にデビュー。

作品ごとにスキャンダルとセンセーションを巻き起こした伝説の巨匠。

過激な映像と仮借なき批評精神を貫いたその全貌を解明する。

ISBN978-4-86182-442-5

【増補決定版】若松孝二　反権力の肖像

四方田犬彦、平沢剛編

「俺は国家権力を打倒するために映画を撮ってきたんだ――」

性とテロルをラディカルに問い続けた稀代の映画人・若松孝二。

初期ピンク映画から『実録・連合赤軍』、『11・25自決の日』、『千年の愉楽』まで、
半世紀に及ぶ監督作品を総覧する、決定版評論集！

ISBN978-4-86182-435-7

【作品社の本】

コンテンポラリーダンス徹底ガイドHYPER

乗越たかお著

“コンテンポラリー・ダンス”を定義づけた名著、待望の大増補！
大改訂！　世界の超有名ダンサー＆カンパニーから、現在注目の若手までを徹底網羅。
コンテンポラリー・ダンスの全体像を知るための必読書。
これを読まなきゃ、モグリです。

ISBN978-4-86182-070-0

マックス・フライシャー アニメーションの天才的変革者

リチャード・フライシャー著、田栗美奈子訳

ベティ・ブープを生み、ポパイ、スーパーマンをアニメーションにした男。
ディズニーに比肩する天才アニメーターの栄光と挫折の生涯を、
その息子である名映画監督が温かく描き出す。アニメーションファン必読！
「時代のせいでおもしろくないものと、時代を超えておもしろいものがあるはずで、
その時代を超えるものをやっぱりフライシャーは持っているんです」――宮崎駿

ISBN978-4-86182-257-5

ウディ・アレン　バイオグラフィー

ジョン・バクスター著、田栗美奈子訳

ニューヨークを代表する売れっ子映画作家ウディ・アレンの人生を、
その生い立ちからスタンダップ・コメディアン時代、
そして波瀾に満ちた私生活まで余すところなく網羅した完全決定版評伝！

ISBN978-4-87893-470-4

【作品社の本】

〈喜劇映画〉を発明した男

帝王マック・セネット、自らを語る

マック・セネット著、石野たき子訳、新野敏也監訳

D・W・グリフィスに映画作法を学び、チャーリー・チャップリン、
ビング・クロズビーを見出して、フランク・キャプラらをそのスタジオから輩出した男。
コメディ映画にカスタードパイ投げ、水着アイドル、
道化役としての警官隊を初めて登場させたアイディアマン。
初期ハリウッドを代表する超大物プロデューサーが、自らの映画人としての足跡、
波乱に満ちた生涯、たった一度の人生を賭した名女優との悲恋を余さず語り尽くす、
アメリカ映画史の名著！　「銀幕喜劇人小辞典」付

ISBN978-4-86182-472-2

アジア映画の森

新世紀の映画地図

石坂健治、市山尚三、野崎歓、松岡環、門間貴志監修

夏目深雪、佐野亨編集

グローバル化とクロスメディアの波のなかで、進化しつづけるアジア映画。

東は韓国から西はトルコまで――

鬱蒼たる「映画の森」に分け入るための決定版ガイドブック。

アートからエンタテインメントまで国別の概論・作家論とコラムで重要トピックを網羅！


ISBN978-4-86182-377-0

アジア映画で〈世界〉を見る

越境する映画、グローバルな文化

夏目深雪、石坂健治、野崎歓編

われわれは映画に、映画はわれわれに、何をできるのか――。
グローバリズムの中、越境し変容するアジア各国と日本の映画。
「今、アジア映画を見ること」の意味を問いながら、歴史／政治／社会状況を読み解きつつ、
映画／映像の可能性を探り、批評の文脈を刷新する。
地図上の〈世界〉とわれわれの生きる現実（リアル）な〈世界〉を、
14の論考と7つの対談・座談で切り取る、画期的評論集！

ISBN978-4-86182-461-6

【作品社の本】

ゴジラの音楽
伊福部昭、佐藤勝、宮内國郎、眞鍋理一郎の響きとその時代
小林淳著

1954－75。『ゴジラ』から『メカゴジラの逆襲』にいたる
昭和期ゴジラ・シリーズ15作は、いかなる音楽に彩られていたのか。
作曲家たちへの懇切な取材と徹底的な作品の読解をもとにその全貌を解析し、
それらが生み出された同時代日本の諸相をも見はるかす、渾身の長篇評論！
ISBN978-4-86182-299-5

血の玉座
黒澤明と三船敏郎の映画世界
上島春彦著

黒澤映画における、三船敏郎の存在理由とはいかなるものか。
その映像の中で、分身／門／拠り代とは何を意味しているのか。
画面の精緻な読解から、作品の新たな読みを提示する本格評論。
黒澤明生誕100年、三船敏郎生誕90年記念出版！
ISBN 978-4-86182-255-1

レッドパージ・ハリウッド
赤狩り体制に挑んだブラックリスト映画人列伝
上島春彦著

1950年代、赤狩りの嵐吹き荒れるアメリカで、
左翼脚本家・監督・俳優たちは、いかに戦い、どのような作品を残したのか。
隠された歴史を丹念に洗い出し、克明に記録する、レッドパージ研究の完全決定版。
蓮實重彦氏絶賛！
ISBN978-4-86182-071-7

スター女優の文化社会学
戦後日本が欲望した聖女と魔女
北村匡平著

彼女たちはいかにして「スター」となったのか。なぜ彼女たちでなければならなかったのか。
原節子と京マチ子を中心に、スクリーン内で構築されたイメージ、
ファン雑誌などの媒体によって作られたイメージの両面から、
占領期／ポスト占領期のスター女優像の変遷をつぶさに検証し、
同時代日本社会の無意識の欲望を見はるかす、新鋭のデビュー作！
ISBN978-4-86182-651-1

【作品社の本】

B級ノワール論

ハリウッド転換期の巨匠たち

吉田広明著

ジョゼフ・H・ルイス、アンソニー・マン、リチャード・フライシャー。
三人の巨匠の経歴と作品を精緻に分析し、ハリウッド古典期から
現代期への転換点としての「B級ノワール」のいまだ知られざる全貌を見はるかす、
画期的書き下ろし長篇評論。蓮實重彥氏激賞！
ISBN978-4-86182-211-7

亡命者たちのハリウッド

歴史と映画史の結節点

吉田広明著

亡命という経験は、彼らの映画に何をもたらしたのか。
彼らの到来が、世界の映画に与えた変化とは何なのか。
30年代にナチスから逃れたフリッツ・ラング、ダグラス・サーク、ロバート・シオドマク、
50年代に赤狩りでアメリカを逐われたエドワード・ドミトリク、
ジョン・ベリー、サイ・エンドフィールド、ジョゼフ・ロージー、
60～70年代に共産圏東欧から亡命したミロス・フォアマン、ロマン・ポランスキー。
その生涯と作品。
ISBN978-4-86182-406-7

西部劇論

その誕生から終焉まで

（近刊）

吉田広明著

序　西部劇――その既知を未知へ奪い返すために◆第一章　初期西部劇――ブロンコ・ビリー／フォード／ウィスター／ハート◆第二章　古典的西部劇――ウォーショー／ハサウェイ／フォード◆第三章　西部劇を変えた男――ウィリアム・A・ウェルマン◆第四章　フィルム・ノワール＝西部劇――バザン／バーネット／ウォルシュ／マン／ブッシュ／ヨーダン◆第五章　神話と化す西部劇――フォード／レイ◆第六章　不透明と透明の葛藤――フォード／ベティカー／ホークス／ケネディ／デイヴス◆第七章　西部劇の黄昏――ペキンパー／ペン／アルトマン／ヘルマン◆第八章　オルタナティヴ西部劇――ポロンスキー／アルドリッチ／カウフマン／ミリアス／チミノ／ラヴェッチ＝フランク／ベントン◆第九章　西部劇に引導を渡した男――クリント・イーストウッド◆西部劇主要作品解説